Implementando un Departamento de Ventas Ganador

De Cero a Avanzado

Edición Revisada

Índice

¿Para quién es esta obra?

Esta obra está dirigida a emprendedores, gestores de empresas y profesionales que deseen crear y/o mejorar un departamento de ventas en sus organizaciones. También es recomendada para estudiantes y profesionales del área de ventas que deseen profundizar en estrategias, técnicas y métodos para mejorar el rendimiento de sus equipos y aumentar las ventas.

Sin embargo, esta obra puede no ser recomendada para personas que no tengan interés en ventas, gestión de equipos o emprendimiento, ya que se centra específicamente en estos temas.

Introducción

Prepárate para un viaje al mundo de las ventas. Directo al grano, sin rodeos. Los conceptos de este libro cambiarán tu forma de pensar sobre las ventas. No es un libro para quedarse en el estante de tu oficina. Este conocimiento debe ser transmitido diariamente a todo el equipo de ventas.

Debe ser exigido, discutido, reevaluado e incluso cuestionado, ya que cada empresa debe desarrollar su propia cultura de ventas. Las ventas son la base de cualquier negocio exitoso, y es por eso que construir un departamento de ventas eficiente es fundamental para el éxito a largo plazo de una empresa. Ya sea que estés comenzando desde cero o buscando mejorar tu equipo de ventas existente, este libro es para ti.

"Implementando un Departamento de Ventas Ganador: De Cero a Avanzado" aborda todos los aspectos del proceso de creación de un equipo de ventas exitoso. Desde la contratación de vendedores, capacitación y desarrollo, definición de objetivos, análisis de mercado, estrategias de ventas, hasta el papel del marketing, atención al cliente y liderazgo en el éxito del equipo de ventas.

Los capítulos de este libro fueron cuidadosamente seleccionados para proporcionar una guía completa y práctica para construir un departamento de ventas eficiente y ganador, independientemente del tamaño de tu empresa o sector de actividad.

Con la ayuda de este libro, aprenderás cómo encontrar a los candidatos adecuados, definir objetivos claros y alcanzables, crear un pipeline de ventas efectivo, utilizar la tecnología para aumentar la eficiencia del equipo de ventas, manejar las objeciones de los clientes, desarrollar una cultura de ventas en la empresa y mucho más.

Los métodos y técnicas presentados en este libro se basan en años de experiencia y éxito en el mercado. Los capítulos fueron escritos por expertos en ventas y liderazgo de equipos de ventas exitosos, y están llenos de ejemplos prácticos y casos reales.

Independientemente de dónde te encuentres en tu carrera empresarial, este libro proporcionará una valiosa visión y una guía práctica para ayudarte a construir un departamento de ventas ganador y adaptarte a los cambios en constante evolución del mercado. No importa si estás comenzando o ya tienes un equipo de ventas establecido, "Implementando un Departamento de Ventas Ganador: De Cero a Avanzado" es el libro adecuado para ayudarte a alcanzar el éxito en las ventas.

La importancia de construir un departamento de ventas eficiente

El departamento de ventas es fundamental para el éxito de cualquier empresa, sin importar su tamaño o sector de actividad. Es a través del equipo de ventas que las empresas pueden generar ingresos, adquirir nuevos clientes y mantener una relación saludable con los clientes existentes. Por lo tanto, es crucial construir un departamento de ventas eficiente que pueda satisfacer las demandas del mercado y superar las expectativas de los clientes.

Para construir un departamento de ventas eficiente, es necesario seguir algunos pasos importantes. El primero de ellos es la contratación de vendedores calificados y motivados que tengan el perfil adecuado para trabajar en el sector de actividad de la empresa. Es importante seleccionar a los candidatos cuidadosamente a través de un proceso de entrevista bien estructurado que evalúe no solo la experiencia y habilidades técnicas, sino también la personalidad, la capacidad de comunicación y la capacidad de manejar la presión y los imprevistos.

Otro paso importante para construir un departamento de ventas eficiente es definir metas de ventas claras y alcanzables. Es fundamental que estas metas sean realistas y estén alineadas con los objetivos estratégicos de la empresa, y que sean supervisadas de cerca por los gerentes de ventas. También es importante que el equipo de ventas tenga acceso a herramientas y tecnologías que puedan ayudarles a alcanzar estas metas, como software de gestión de ventas y CRM.

Además, es fundamental que el equipo de ventas reciba una capacitación adecuada y efectiva. Es importante que los vendedores conozcan bien el producto o servicio que están vendiendo, así como técnicas de ventas eficaces como SPIN Selling y AIDA. Es fundamental que los vendedores también se mantengan actualizados en cuanto a las tendencias e innovaciones del mercado, y que tengan habilidades interpersonales desarrolladas como empatía e inteligencia emocional.

El liderazgo también desempeña un papel fundamental en el éxito del departamento de ventas. Es importante que los gerentes de ventas sean líderes inspiradores que sepan motivar al equipo de ventas y mantener un ambiente de trabajo saludable y productivo. También es importante que los gerentes de ventas estén dispuestos a escuchar y dar retroalimentación constructiva al equipo de ventas para que puedan mejorar continuamente.

Otro aspecto importante para construir un departamento de ventas eficiente es el análisis de mercado. Es fundamental que la empresa conozca bien a su público objetivo y su competencia para que pueda desarrollar estrategias de ventas eficientes y diferenciadas. La empresa debe desarrollar perfiles de compradores, llamados personas, para ayudar a identificar las necesidades y desafíos de los clientes, para que puedan ser atendidos de manera eficiente.

Es fundamental que la empresa desarrolle una cultura de ventas que valore la importancia del departamento de ventas para el éxito de la empresa. Es importante que la empresa establezca objetivos y metas para el equipo de ventas, y que ofrezca soporte e incentivos para que la equipo pueda alcanzarlos. Además, un departamento de ventas eficiente permite que la empresa mantenga su posición competitiva en el mercado. Esto es especialmente importante en sectores altamente competitivos, donde la adquisición de nuevos clientes y la retención de clientes existentes es un factor crítico para el éxito.

Un departamento de ventas bien logrado también puede ayudar a la empresa a expandir sus negocios, aumentando su participación de mercado y diversificando su base de clientes.

Sin embargo, construir un departamento de ventas eficiente no es una tarea fácil. Requiere un planeamiento cuidadoso y una abordaje estructurada, desde la contratación de vendedores talentosos hasta la implementación de procesos y sistemas de ventas bien definidos.

Uno de los principales pilares para construir un departamento de ventas eficiente es la contratación de vendedores talentosos. Esto implica identificar las habilidades y características necesarias para ser un vendedor exitoso en su empresa, y luego evaluar cuidadosamente a los candidatos para identificar aquellos que poseen esas habilidades y características. Es importante recordar que un departamento de ventas eficiente depende en gran medida de la calidad de los vendedores que lo conforman.

Otro paso importante es establecer procesos y sistemas bien definidos para apoyar al equipo de ventas. Esto incluye definir metas claras de ventas, establecer criterios de éxito para el equipo de ventas e implementar un sistema de gestión de ventas que pueda ayudar a administrar y monitorear el rendimiento del equipo. También es importante brindar capacitación y soporte continuo a los vendedores para ayudarlos a mejorar sus habilidades y adquirir nuevos conocimientos.

Además, el análisis de mercado es un elemento crítico para el éxito del departamento de ventas. Es importante comprender el mercado objetivo y la competencia para identificar oportunidades de ventas y desarrollar estrategias de ventas efectivas. Esto implica la creación de perfiles de compradores y la segmentación del mercado en función de características clave como comportamientos, necesidades y preferencias.

Otro aspecto fundamental es la creación de un pipeline de ventas eficiente y el uso de técnicas de calificación de leads para maximizar las posibilidades de éxito en ventas. Esto implica la identificación de clientes potenciales y la calificación de estos leads en función de criterios bien definidos, como el perfil del comprador y el presupuesto disponible. También es importante hacer seguimiento y gestionar estos leads a lo largo del ciclo de ventas para garantizar que se conviertan en ventas.

Por último, es importante recordar que el éxito en ventas no se trata solo de técnicas y procesos, sino también de personas y relaciones. Un departamento de ventas eficiente debe ser liderado por líderes inspiradores y motivadores, capaces de crear una cultura de ventas sólida y un equipo cohesionado con habilidades interpersonales sólidas, como la comunicación efectiva y el trabajo en equipo, priorizando siempre el bienestar de la empresa y la consecución de metas.

Contratación de vendedores: cómo encontrar a los candidatos adecuados

La contratación de vendedores es uno de los aspectos más críticos para la construcción de un departamento de ventas eficiente. Después de todo, el éxito de un equipo de ventas depende en gran medida de las habilidades y actitudes de sus miembros.

Para encontrar a los candidatos adecuados, es importante comenzar definiendo los requisitos de habilidades y experiencia necesarios para el puesto. Esto puede incluir habilidades de comunicación, capacidad de negociación, conocimiento técnico del producto o servicio, experiencia en ventas, entre otros.

Sin embargo, no basta con buscar candidatos con las habilidades y experiencia adecuadas. También es crucial encontrar personas que encajen bien en la cultura de la empresa y en el equipo de ventas. Después de todo, un ambiente de trabajo positivo y colaborativo puede tener un impacto significativo en la productividad y el desempeño del equipo.

Una de las formas más efectivas de encontrar candidatos es a través de referencias de otros empleados, clientes o socios de negocios. Además, el uso de sitios web de empleo y redes sociales puede ser útil para llegar a un gran número de candidatos.

Al entrevistar a los candidatos, es importante hacer preguntas que permitan evaluar sus habilidades y experiencia en ventas, así como su capacidad de adaptación y aprendizaje rápido.

También es importante evaluar las actitudes y comportamientos del candidato, como su ética de trabajo, confianza y capacidad para trabajar en equipo. Otro enfoque que puede ser efectivo es realizar pruebas de ventas o simulaciones de ventas durante el proceso de entrevista. Esto permite evaluar las habilidades prácticas del candidato en un ambiente controlado.

Sin embargo, la contratación de vendedores no debe ser un proceso único. Es importante invertir en el desarrollo y entrenamiento continuo del equipo de ventas, así como establecer un proceso de revisión regular para evaluar el desempeño de los miembros del equipo y proporcionar retroalimentación constructiva.

Por lo tanto, la contratación de vendedores es una parte esencial de la construcción de un departamento de ventas eficiente. Al definir los requisitos de habilidades y experiencia, encontrar candidatos que encajen bien en la cultura de la empresa y en el equipo de ventas, y evaluar sus habilidades y actitudes a través de entrevistas y pruebas de ventas, es posible construir un equipo de ventas fuerte y exitoso.

Es importante recordar que la contratación de vendedores es solo el comienzo del proceso de construcción de un departamento de ventas eficiente, y que es necesario invertir en el desarrollo continuo del equipo para lograr resultados sostenibles a largo plazo.

Cómo tener éxito en el proceso de selección de candidatos

La elección del candidato adecuado para una posición de ventas puede ser un proceso desafiante. Es necesario encontrar a alguien que tenga las habilidades técnicas necesarias para el puesto, así como la personalidad y la motivación para destacarse en el área de ventas.

Muchas empresas optan por tercerizar el proceso de contratación de ventas a agencias especializadas en reclutamiento y selección. Aunque estas agencias pueden ser útiles para llenar rápidamente vacantes abiertas, pueden no ser la mejor opción para empresas que desean profesionalizar sus procesos de contratación.

Es aquí donde entra el papel del departamento de recursos humanos o de los gestores de personas en la elección de nuevos vendedores. Los profesionales de RRHH son responsables de evaluar las habilidades y la personalidad de los candidatos de manera más completa y estratégica, teniendo en cuenta los valores de la empresa y las características deseadas en el candidato.

Al tener un departamento de RRHH especializado y bien estructurado, la empresa puede identificar y seleccionar a los candidatos ideales para la función de ventas, además de tener la posibilidad de crear estrategias de reclutamiento de talentos que puedan llenar las brechas del departamento y de la empresa en su totalidad.

La contratación de un vendedor equivocado puede costarle caro a la empresa. Además de los costos financieros directos, como los honorarios de la agencia de reclutamiento, también hay tiempo y esfuerzo involucrados en capacitar e integrar al nuevo empleado en el equipo de ventas. Además, la contratación de un vendedor que no encaja en la cultura de la empresa puede afectar negativamente al equipo de ventas en su conjunto, e incluso afectar la reputación de la empresa.

Un departamento de RRHH eficaz puede ayudar a mitigar estos riesgos. Al profesionalizar el proceso de contratación de ventas, las empresas pueden garantizar que están seleccionando candidatos que cumplen con los requisitos de competencia técnica y personalidad deseados. Además, un departamento de RRHH puede desarrollar un proceso de integración efectivo para asegurarse de que el nuevo empleado esté completamente integrado en el equipo de ventas.

La contratación de un vendedor es un proceso importante para la empresa. Es esencial tener en cuenta que la contratación correcta puede ser un gran activo para la empresa, mientras que una contratación incorrecta puede ser extremadamente perjudicial.

La profesionalización de los procesos de contratación, a través de la contratación de profesionales de RRHH calificados y experimentados, puede ser una solución valiosa para garantizar que la empresa esté contratando a los mejores vendedores posibles.

Sugerencias de preguntas para la entrevista de trabajo del vendedor

Aquí hay algunas preguntas que se pueden hacer durante la entrevista. Depende del entrevistador organizar cuáles tendrán más sentido de acuerdo con el perfil del candidato y la vacante.

1. ¿Cómo te mantienes actualizado sobre el mercado y la competencia?
2. ¿Cómo manejas tu tiempo para alcanzar tus objetivos de ventas?
3. ¿Cómo abordas a un cliente potencial indeciso sobre la compra?
4. ¿Cómo manejas las objeciones de los clientes?
5. ¿Cómo te preparas para una reunión con un cliente potencial?
6. ¿Tienes experiencia en ventas en línea?
7. Cuéntanos algunas experiencias que hayas tenido prospectando clientes
8. ¿Prefieres atender a tus clientes en persona, por teléfono o por videoconferencia?
9. ¿Cómo abordas el enfoque de venta consultiva?
10. ¿Cuál es tu proceso de calificación de clientes potenciales?
11. ¿Cómo administras tu cartera de clientes?
12. ¿Cómo usas las redes sociales para generar ventas?
13. ¿Cómo manejas el rechazo en ventas?
14. ¿Cómo mantienes la motivación en tiempos de desafíos de ventas?
15. ¿Cómo construyes relaciones con clientes potenciales?

16. ¿Cómo administras el seguimiento con clientes potenciales?
17. ¿Cómo manejarías a un cliente insatisfecho?
18. ¿Cómo te comunicas con diferentes tipos de clientes?
19. ¿Cómo priorizas tu lista diaria de tareas de ventas?
20. ¿Cómo mides el éxito en ventas?
21. ¿Cómo te adaptas a diferentes estilos de comunicación de los clientes?
22. ¿Cómo usas los datos para tomar decisiones de ventas?
23. ¿Cómo manejas la presión en ventas?
24. ¿Cómo defines el éxito en ventas?
25. ¿Cómo manejarías una situación en la que el cliente no puede pagar el valor total del producto?
26. ¿Cómo usas técnicas de negociación en ventas?
27. ¿Cómo defines y estableces objetivos de ventas?
28. ¿Cómo abordas la construcción de relaciones con clientes a largo plazo?
29. ¿Cómo manejas la competencia en ventas?
30. ¿Cómo manejarías un cliente que tiene un problema técnico con el producto?
31. ¿Cómo usas la narración en ventas?
32. ¿Cómo manejarías a un cliente que quiere una solución personalizada?
33. ¿Cómo manejas la incertidumbre en ventas?
34. ¿Cómo desarrollas un pipeline de ventas efectivo?
35. ¿Cómo defines tu estrategia de precios?
36. ¿Cómo usas el marketing para generar clientes potenciales de ventas?
37. ¿Cómo abordas las necesidades y deseos del cliente?
38. ¿Cómo manejarías una situación en la que el cliente no está satisfecho con el producto?

39. ¿Cómo estableces y mantienes tu red de contactos en ventas?
40. ¿Cómo usas el marketing por correo electrónico en ventas?
41. ¿Cómo usas la gamificación para aumentar la productividad en ventas?
42. ¿Cómo te adaptas a diferentes personalidades de los clientes?
43. ¿Cómo manejas el cambio en ventas?
44. ¿Cómo usas el análisis SWOT para evaluar oportunidades de ventas?
45. ¿Cómo te adaptas a diferentes culturas empresariales?

¿Cómo captar currículums ideales?

La promoción de una vacante de vendedor es una etapa crucial para atraer a los mejores candidatos y aumentar las posibilidades de éxito en la contratación. Para esto, es importante conocer los principales canales de difusión y cómo utilizarlos adecuadamente.

Sitio web de la empresa: una de las principales formas de promocionar una vacante de vendedor es a través del sitio web de la empresa. Es importante que la vacante esté claramente descrita, con información sobre las principales responsabilidades y requisitos para el puesto.

Redes sociales: otra opción es utilizar las redes sociales de la empresa para promocionar la vacante. Es posible crear publicaciones en las principales redes sociales, como LinkedIn, Facebook, Twitter e Instagram, utilizando hashtags relacionados con el área de ventas.

Portales de empleo: los portales de empleo son excelentes canales para promocionar vacantes de vendedor. Algunos ejemplos son: Catho, InfoJobs, Indeed, entre otros.

Recomendación de empleados: otra forma de promocionar la vacante es a través de la recomendación de empleados. Pueden compartir la vacante en sus redes sociales y recomendar personas de su círculo de relaciones.

Headhunters: los headhunters son profesionales especializados en encontrar talentos para las empresas. Pueden ayudar a encontrar candidatos calificados que cumplan con los requisitos de la vacante.

Al promocionar una vacante de vendedor, es importante utilizar un lenguaje claro y objetivo, destacando los principales requisitos y beneficios ofrecidos por la empresa. Además, es importante establecer un plazo para la inscripción de los candidatos y establecer un proceso de selección eficiente para garantizar la contratación de los mejores profesionales.

¿Por qué LinkedIn es tan relevante en el proceso de selección?

El LinkedIn es una plataforma de red social profesional con más de 740 millones de usuarios en todo el mundo, muchos de ellos son profesionales altamente calificados en sus áreas de especialización, incluyendo vendedores.

Por ser una red social enfocada en el mundo de los negocios, LinkedIn es un canal ideal para empresas que buscan encontrar buenos vendedores y otros profesionales para sus equipos.

Una de las principales razones por las cuales LinkedIn es una buena opción para encontrar vendedores es que la plataforma permite a los reclutadores y empleadores buscar candidatos específicos a través de filtros avanzados de búsqueda. Esto significa que las empresas pueden encontrar vendedores con habilidades específicas, experiencia en determinadas industrias u otras características relevantes para el puesto.

Además, LinkedIn ofrece una amplia gama de recursos para que los reclutadores y empresas publiquen sus vacantes, como actualizaciones de estado y publicaciones patrocinadas. Esto permite que las empresas lleguen a una gran cantidad de usuarios de la plataforma y, por lo tanto, aumenten sus posibilidades de encontrar buenos vendedores.

Otra razón por la que LinkedIn es una buena opción para encontrar vendedores es que la plataforma proporciona un entorno donde se puede evaluar el perfil de los candidatos de manera más completa que en otras redes sociales o plataformas de empleo.

LinkedIn permite a los usuarios publicar sus currículums, habilidades, experiencias, recomendaciones de colegas y mucho más. De esta manera, las empresas pueden evaluar con más detalle las habilidades y competencias de los candidatos antes de llamarlos para una entrevista.

Por último, LinkedIn también permite que las empresas se comuniquen directamente con los candidatos y comiencen conversaciones a través de la plataforma. Esto permite una interacción más directa con los candidatos y puede ayudar a acelerar el proceso de contratación.

En resumen, LinkedIn es un canal importante para encontrar buenos vendedores porque permite a las empresas encontrar candidatos altamente calificados a través de filtros de búsqueda avanzados, ofrece recursos de publicidad para maximizar el alcance de las vacantes, proporciona información completa sobre los candidatos y permite una interacción directa entre reclutadores y candidatos.

Definición de los criterios de éxito para el departamento de ventas

Sin una meta clara y bien definida, los vendedores pueden perderse en el camino y no alcanzar los resultados esperados. En este capítulo, abordaremos conceptos validados por los grandes best sellers del mercado de ventas, así como conceptos modernos y dinámicos para ayudar a definir los criterios de éxito para un departamento de ventas ganador.

Los criterios de éxito deben establecerse en función de los objetivos estratégicos de la empresa. Es decir, lo que se espera del departamento de ventas en términos de resultados financieros y de crecimiento. Estos objetivos deben ser claros, medibles y alcanzables para que puedan ser monitoreados y ajustados con el tiempo.

Uno de los conceptos modernos y dinámicos para definir los criterios de éxito es el uso del marco OKR (Objetivos y Resultados Clave). Esta metodología ha sido ampliamente utilizada por empresas de tecnología, pero puede aplicarse a cualquier tipo de negocio. OKR consiste en establecer objetivos ambiciosos, pero alcanzables, y definir los resultados clave que llevarán al logro de esos objetivos.

Otro enfoque interesante es el uso de indicadores de rendimiento (KPI - Indicadores Clave de Rendimiento) específicos para el departamento de ventas. Estos indicadores deben seleccionarse en función de los objetivos de la empresa y del proceso de ventas. Algunos ejemplos de KPI para un departamento de ventas incluyen: número de ventas realizadas, tiempo promedio para cerrar una venta, valor promedio de venta, tasa de conversión de clientes potenciales en ventas, entre otros.

Además, es importante establecer metas individuales para cada vendedor, basadas en los criterios de éxito definidos para el departamento de ventas. Estas metas deben ser desafiantes pero realistas y deben tener en cuenta el perfil y la experiencia de cada vendedor. También es importante ofrecer un plan de comisiones atractivo que motive al vendedor a buscar el logro de las metas establecidas.

Otro concepto importante en la definición de criterios de éxito para un departamento de ventas es la importancia de la cultura de la empresa. Los criterios de éxito deben estar alineados con los valores y la misión de la empresa. Los vendedores deben sentirse motivados y comprometidos con los objetivos del departamento de ventas y de la empresa en general.

Es importante monitorear constantemente los criterios de éxito y los KPI establecidos para el departamento de ventas. A través del análisis de estos indicadores, es posible identificar puntos de mejora y ajustar metas y objetivos con el tiempo.

La creación de un departamento de ventas ganador requiere una planificación cuidadosa y la definición clara de los criterios de éxito. Con un equipo motivado y alineado con los objetivos de la empresa, los resultados positivos son solo cuestión de tiempo.

Cómo entrenar a los nuevos vendedores y garantizar una integración efectiva

El proceso de integración de nuevos colaboradores en la empresa necesita suceder de manera organizada, demostrando claridad y buscando aclarar todas las dudas que puedan surgir. Es importante que las empresas creen un programa de capacitación que tenga en cuenta las necesidades específicas de los nuevos vendedores y los ayude a adaptarse al ambiente de trabajo, sistemas, procesos y cultura de la empresa.

Uno de los primeros pasos es proporcionar un manual de bienvenida, que debe incluir información básica sobre la empresa, como la historia, los valores, la misión y la visión, además de información sobre el mercado en el que opera y sus principales competidores. Es importante que el manual sea claro y objetivo y proporcione la información necesaria para que el nuevo colaborador se sienta cómodo en el ambiente de trabajo.

El siguiente paso es la capacitación en sí, que puede ser impartida de varias maneras, desde clases presenciales hasta videos en línea y tutoriales. La capacitación debe ser personalizada para cada nuevo colaborador, teniendo en cuenta sus habilidades y conocimientos previos, además de centrarse en áreas específicas que necesitará dominar para realizar sus tareas con eficiencia.

Uno de los puntos principales a abordar durante la capacitación es la cultura de la empresa, que incluye la forma en que la empresa se comunica, las prácticas laborales, los valores, entre otros aspectos. Es importante que el nuevo colaborador comprenda la cultura de la empresa desde el principio para que pueda adaptarse fácilmente al ambiente de trabajo y sentirse integrado con los demás colaboradores.

Otro aspecto importante a abordar es el uso de sistemas y herramientas de la empresa, como el CRM, software de gestión, entre otros. Es fundamental que el nuevo colaborador aprenda a utilizar estas herramientas desde el principio para que pueda desempeñar sus funciones con eficiencia y facilidad.

Además de la capacitación formal, es importante que los nuevos vendedores tengan un mentor o un colega más experimentado que pueda ayudarlos a adaptarse al ambiente de trabajo y aclarar sus dudas. El mentor debe ser un colaborador con buen desempeño y experiencia en la empresa, que pueda compartir sus experiencias y conocimientos con el nuevo colaborador.

El proceso de onboarding no debe ser visto como una sola etapa, sino como un proceso continuo que puede durar desde algunas semanas hasta algunos meses. Es importante que la empresa continúe supervisando el desempeño del nuevo colaborador, proporcionando retroalimentación y apoyo siempre que sea necesario.

Para garantizar una capacitación eficaz de los nuevos vendedores, es necesario crear un programa de capacitación personalizado que tenga en cuenta las necesidades específicas de cada colaborador, además de abordar aspectos como la cultura de la empresa, el uso de sistemas y herramientas y la integración con los demás colaboradores. El proceso de onboarding debe ser continuo, con seguimiento y retroalimentación constantes para garantizar la eficacia y el éxito de los vendedores en la empresa.

El papel del liderazgo en el éxito del departamento de ventas

Un equipo de ventas exitoso se construye a partir de un liderazgo fuerte y motivador. Es responsabilidad del líder crear un ambiente de trabajo positivo y colaborativo, motivar al equipo a alcanzar metas desafiantes y mantener un alto nivel de compromiso y motivación.

Para ser un líder efectivo en el departamento de ventas, es necesario tener algunas habilidades y características clave. En primer lugar, es importante ser un buen comunicador, saber escuchar y dar retroalimentación de manera clara y objetiva. También es necesario tener una visión estratégica y saber definir objetivos y metas claras para el equipo. Además, es importante tener empatía y ser capaz de ponerse en el lugar de los colaboradores, entender sus necesidades y preocupaciones.

Uno de los principales desafíos para el liderazgo en el departamento de ventas es mantener al equipo motivado y comprometido. Para ello, es importante adoptar un enfoque de liderazgo transformacional, que busca inspirar y motivar a los colaboradores a dar lo mejor de sí y alcanzar su máximo potencial. Esto puede lograrse a través del reconocimiento y recompensas, como bonificaciones y comisiones, además de un ambiente de trabajo positivo y colaborativo.

Otra forma de motivar al equipo es a través del desarrollo profesional y la formación continua. El líder debe estar siempre buscando nuevas oportunidades de aprendizaje y desarrollo para su equipo, ya sea a través de capacitación formal o mentoría y coaching.

En el proceso de integración de nuevos vendedores, es fundamental que el liderazgo esté presente y activo. Es importante que el nuevo colaborador se sienta acogido y bienvenido desde el primer día de trabajo. El líder debe presentarse, explicar las expectativas y objetivos de la empresa y del equipo, además de presentar la cultura organizacional y los valores de la empresa.

Durante el período de adaptación, el líder debe proporcionar retroalimentación constructiva y estar disponible para aclarar dudas y brindar apoyo. Es importante que el nuevo colaborador comprenda los procesos de ventas, las herramientas utilizadas por el equipo y las estrategias adoptadas por la empresa.

Un líder efectivo debe tener habilidades de comunicación, visión estratégica y empatía, además de adoptar un enfoque de liderazgo transformacional que inspire y motive al equipo. El desarrollo profesional y la formación continua son fundamentales para mantener al equipo comprometido y motivado, y la presencia activa del liderazgo en el proceso de integración es esencial para garantizar una adaptación efectiva del nuevo colaborador.

Cómo definir metas de ventas claras y alcanzables.

Las metas de ventas son la guía que dirige al equipo de ventas para alcanzar los objetivos de la empresa, ya sea a corto, mediano o largo plazo. Sin embargo, definir metas de ventas claras y alcanzables no es una tarea fácil. Es necesario que los líderes de ventas tengan un profundo conocimiento del negocio, del equipo y del mercado en el que están insertos.

La importancia de las metas de ventas

Antes de entrar en los conceptos modernos de definición de metas de ventas, es importante entender por qué son tan importantes. Las metas de ventas ayudan al equipo a visualizar el camino que deben seguir para alcanzar los objetivos de la empresa. Crean un sentido de dirección, aumentan la motivación del equipo y ayudan a monitorear el desempeño de cada miembro.

Las metas también son importantes para la empresa en su conjunto. Ayudan a controlar el flujo de caja, prever las ventas futuras y evaluar el desempeño del equipo de ventas. Además, las metas de ventas pueden utilizarse como un indicador de desempeño para el departamento de ventas, permitiendo que los líderes tomen decisiones estratégicas basadas en datos concretos.

Definiendo las metas de ventas

La definición de metas de ventas claras y alcanzables es un proceso que debe involucrar a todo el equipo de ventas y, por supuesto, al liderazgo. Las metas deben ser lo suficientemente desafiantes para motivar al equipo, pero no tan difíciles como para volverse inalcanzables.

Para definir las metas de ventas, es importante entender la capacidad del equipo y del mercado en el que se encuentran. Esto significa analizar los resultados pasados, la capacidad productiva del equipo, la situación económica del mercado y la demanda del producto o servicio ofrecido.

También es importante definir metas de ventas individuales y colectivas. Las metas individuales son importantes para que cada miembro del equipo tenga un sentido de responsabilidad y sepa exactamente qué se espera de él. Las metas colectivas, por otro lado, ayudan a crear un sentido de equipo y colaboración.

Métodos modernos de medición de resultados

Además de definir las metas de ventas, también es necesario medir los resultados para verificar si se están alcanzando. Existen diversos métodos modernos de medición de resultados, como las OKRs (Objetivos y Resultados Clave), que se utilizan ampliamente en el mundo empresarial.

Las OKRs son una herramienta simple y efectiva para medir resultados y seguir el desempeño del equipo. Consisten en definir objetivos claros y cuantificables, junto con indicadores clave de desempeño (KPIs). De esta manera, es posible medir el progreso y ajustar el equipo.

Análisis de mercado: comprendiendo su público objetivo y competência

Entender su público objetivo y su competencia es esencial para realizar ventas de manera efectiva, con una mayor probabilidad de éxito. En este capítulo, abordaremos detalladamente cómo realizar este análisis y cuáles son los principales aspectos a considerar.

En primer lugar, es importante definir lo que es el público objetivo. Se trata del grupo de personas o empresas que tienen perfiles y necesidades similares y, por lo tanto, son más propensos a estar interesados en los productos o servicios que usted ofrece. Para entender este público, es necesario analizar sus características demográficas, conductuales y psicográficas.

Las características demográficas incluyen datos como edad, género, ingresos, educación y ubicación geográfica. Las conductuales se refieren a los hábitos de consumo, la frecuencia de compras, las preferencias y la fidelidad a la marca. Las características psicográficas son más subjetivas e involucran aspectos como personalidad, valores y estilo de vida.

Conocer mejor al público objetivo permite identificar sus necesidades y deseos, así como las principales barreras que impiden la realización de una compra. Con esta información, es posible desarrollar estrategias de marketing más efectivas y personalizadas que aumenten las posibilidades de conversión.

Otro aspecto importante en el análisis de mercado es la competencia. Es fundamental conocer a sus competidores, sus puntos fuertes y débiles, así como sus estrategias de marketing y ventas. Es importante entender lo que están haciendo de manera diferente, lo que están ofreciendo y cómo se están comunicando con el público objetivo.

Con esta información, es posible desarrollar una estrategia de diferenciación con productos y servicios únicos que ofrezcan un valor percibido mayor que el de la competencia. También es posible crear estrategias de precios, promoción y distribución que sean más efectivas y que permitan destacarse en relación con los competidores.

Además de entender al público objetivo y la competencia, es importante recordar que existen diferencias fundamentales en el enfoque de clientes B2C (empresa a consumidor) y B2B (empresa a empresa). En B2C, la comunicación debe ser más emocional y atractiva, enfocándose en los beneficios del producto o servicio para el cliente. En cambio, en B2B, la comunicación debe ser más racional y objetiva, centrándose en la solución de problemas y en la entrega de valor para la empresa.

Finalmente, es importante recordar que el público puede dividirse en público caliente y público frío. El público caliente está formado por personas que ya han mostrado interés en sus productos o servicios, como aquellos que se registraron en su sitio web o que se pusieron en contacto con la empresa. Por otro lado, el público frío está formado por personas que aún no conocen su empresa o que no han mostrado interés hasta el momento.

Para el público caliente, es importante crear estrategias de nutrición de clientes potenciales con comunicaciones personalizadas que fomenten la conversión. Para el público frío, es necesario invertir en acciones de marketing más amplias que permitan ampliar el alcance del público y, por lo tanto, el interés de un número mayor de oportunidades.

La importancia de la aplicación de la Matriz SWOT

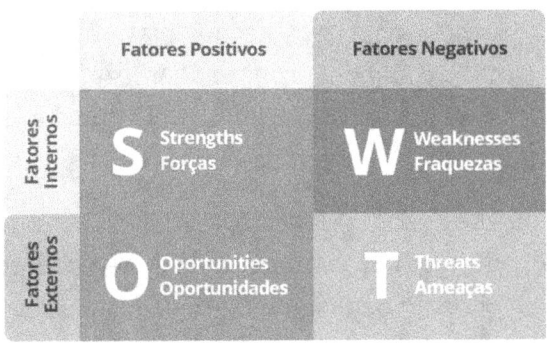

Fonte: https://scopi.com.br/es/blog/analise-swot/

La matriz de SWOT es una herramienta poderosa que se puede utilizar en el proceso de desarrollo y mejora de un departamento de ventas ganador. Esta herramienta de análisis, cuyas iniciales representan **Fortalezas** (Strengths), **Debilidades** (Weaknesses), **Oportunidades** (Opportunities) y **Amenazas** (Threats), puede ayudar a identificar los puntos fuertes y débiles del equipo de ventas, así como las oportunidades y amenazas presentes en el entorno empresarial.

La aplicación de la matriz de SWOT en el departamento de ventas comienza con la identificación de las fortalezas del equipo. Estas fortalezas pueden incluir habilidades de comunicación excepcionales, experiencia en el sector, conocimiento del producto o relaciones sólidas con clientes existentes. Al reconocer y valorar estas fortalezas, se puede garantizar que se aprovechen al máximo y se utilicen como base para el éxito.

Las debilidades también deben ser identificadas y abordadas. Puede ser que algunos miembros del equipo tengan dificultades para manejar objeciones, administrar su tiempo de manera efectiva o adaptarse a nuevas tecnologías. Al identificar estas áreas de mejora, se puede proporcionar capacitación y apoyo específicos para ayudar a los miembros del equipo a superar estas barreras y ser más efectivos en sus funciones.

Las oportunidades son aspectos externos que se pueden aprovechar para mejorar el desempeño del departamento de ventas. Estas oportunidades pueden incluir nuevos mercados, cambios en las necesidades del cliente o innovaciones tecnológicas. Al identificar y aprovechar estas oportunidades, se puede posicionar al equipo de ventas para el éxito a largo plazo.

Las amenazas son factores externos que pueden perjudicar el desempeño del departamento de ventas. Estas amenazas pueden incluir la creciente competencia, cambios regulatorios o la disminución de la demanda por un producto específico. Al identificar estas amenazas y desarrollar estrategias para mitigarlas, se puede ayudar a proteger el departamento de ventas y garantizar su viabilidad en el futuro.

Al aplicar la matriz de SWOT en el contexto del departamento de ventas, se puede obtener una comprensión integral de las áreas en las que el equipo tiene éxito y de las áreas que necesitan ser mejoradas. Esto permite desarrollar un plan de acción efectivo para impulsar el éxito y crear un departamento de ventas verdaderamente ganador. Es importante revisar la matriz de SWOT regularmente a medida que el entorno empresarial y las necesidades del equipo evolucionan, garantizando así una adaptación y mejora continuas.

Mantener la matriz de SWOT actualizada y relevante es esencial para garantizar que el departamento de ventas permanezca ágil y adaptable a los cambios en el mercado. Para lograr esto, es importante establecer un proceso de revisión periódica de la matriz, involucrando a todos los miembros del equipo de ventas. Esto garantizará que todos estén alineados y trabajando hacia los mismos objetivos.

A lo largo del proceso de revisión, es importante fomentar que los miembros del equipo compartan sus percepciones y experiencias. Esto permitirá identificar tendencias emergentes, nuevas oportunidades y posibles amenazas que quizás no sean inmediatamente aparentes.

Además, es importante recordar que la matriz de SWOT también puede ser aplicada a nivel de empresa, permitiendo una evaluación integral de los factores internos y externos que influyen en el desempeño de la organización. En este contexto, la matriz puede ser utilizada para identificar áreas de mejora en la gestión, identificar oportunidades de crecimiento y definir estrategias para mitigar las amenazas que puedan afectar el negocio.

Para llevar a cabo una evaluación efectiva de la empresa mediante la matriz de SWOT, es importante involucrar a todas las áreas de la organización en el proceso, permitiendo que cada una de ellas aporte su perspectiva y experiencia en el análisis. Asimismo, es importante asegurarse de que los objetivos y metas de la empresa estén claramente definidos antes de comenzar la evaluación, de manera que se puedan identificar los factores internos y externos que pueden impactar su consecución.

En la evaluación de las fortalezas y debilidades de la empresa, es importante evaluar aspectos como la calidad de los productos o servicios, la eficiencia en la producción, la capacidad de innovación, la gestión financiera y el talento humano disponible. Al identificar y valorar estas fortalezas y debilidades, es posible definir estrategias que permitan aprovechar al máximo los recursos y capacidades de la empresa, así como superar las barreras que puedan estar limitando su crecimiento.

Por otro lado, en la evaluación de las oportunidades y amenazas, es importante tener en cuenta aspectos como las tendencias del mercado, la competencia, las regulaciones y el contexto macroeconómico. Identificar y evaluar estas oportunidades y amenazas permitirá a la empresa desarrollar estrategias que le permitan posicionarse adecuadamente en el mercado y protegerse de posibles riesgos.

En resumen, la matriz de SWOT es una herramienta fundamental para evaluar tanto el departamento de ventas como la empresa en su conjunto. Al permitir identificar y valorar las fortalezas, debilidades, oportunidades y amenazas, esta matriz permite definir estrategias eficaces que permitan aprovechar al máximo los recursos y capacidades de la organización, así como protegerla de posibles riesgos. Es importante recordar que la revisión y ajuste periódico de la matriz y las estrategias asociadas es clave para garantizar la adaptación continua de la empresa a los cambios del mercado y mantener un desempeño excelente en ventas.

Entendiendo el Embudo de Ventas

Fonte: https://blog.lahar.com.br/vendas/o-que-e-funil-de-vendas-etapas/

El embudo de ventas es una de las herramientas más importantes para cualquier departamento de ventas. Es la representación visual del proceso de venta desde el primer contacto con el cliente potencial hasta el momento de la compra. El objetivo del embudo de ventas es ayudar al equipo de ventas a entender en qué fase del proceso de venta se encuentra el cliente y qué debe hacerse para avanzar a la siguiente etapa.

El embudo de ventas se puede dividir en cuatro etapas: atracción, interés, decisión y acción. Cada etapa del embudo representa una fase del proceso de venta. En la primera etapa, la atracción, el objetivo es atraer el máximo de clientes potenciales a su negocio.

Esto se puede hacer mediante marketing digital, publicidad u otros métodos de atracción de clientes.

En la etapa siguiente, el interés, el objetivo es generar interés en el producto o servicio ofrecido por la empresa. Esto se puede hacer mediante contenido relevante, presentaciones de ventas y otras tácticas de persuasión.

La tercera etapa del embudo es la decisión, donde el cliente potencial decide si quiere o no hacer negocios con la empresa. En esta fase, es importante presentar las ventajas de la empresa, responder preguntas y resolver objeciones.

La última etapa del embudo es la acción, donde el cliente toma la decisión final y realiza la compra. Es importante tener un proceso de cierre de ventas eficiente para no perder la oportunidad de convertir al cliente en ventas.

Cada etapa del embudo de ventas es importante y requiere un enfoque diferente por parte del equipo de ventas. Es importante tener una estrategia clara para cada etapa y saber cómo medir el progreso en cada fase. Esto se puede hacer mediante métricas, como tasas de conversión y tiempo de ciclo de ventas.

Para garantizar que el equipo de ventas esté alineado con el embudo de ventas, es importante capacitar a los miembros del equipo en cómo utilizar la herramienta y cuáles son las mejores prácticas para cada etapa del proceso. Además, es importante que el equipo de ventas tenga acceso a los datos y métricas del embudo para poder hacer ajustes y mejoras con el tiempo.

Una de las principales ventajas del embudo de ventas es que ayuda al equipo de ventas a identificar dónde están los cuellos de botella en el proceso de ventas. Esto permite que la empresa realice mejoras continuas para optimizar el proceso y aumentar la tasa de conversión.

Es una de las principales herramientas de análisis del desempeño del equipo, ya que ayuda al equipo de ventas a entender el proceso de ventas, identificar dónde están los cuellos de botella y hacer mejoras continuas para aumentar la tasa de conversión. Es importante capacitar al equipo de ventas en cómo utilizar el embudo y tener una estrategia clara para cada etapa del proceso.

Desarrollo de personas para ventas

Las personas son una de las herramientas más importantes que un departamento de ventas puede utilizar para comprender mejor su público objetivo y crear estrategias de ventas más efectivas. Son descripciones detalladas de su público ideal: quiénes son, cuáles son sus necesidades y deseos, y cómo toman decisiones de compra.

Al desarrollar personas precisas y detalladas, los vendedores pueden comprender mejor a los clientes potenciales y personalizar sus estrategias de ventas en consecuencia.

El proceso de desarrollo de personas comienza con la investigación. Es importante realizar entrevistas con clientes existentes y potenciales, así como analizar datos del mercado, comentarios en redes sociales y otras fuentes relevantes. Al hacerlo, los vendedores pueden recopilar información importante sobre sus clientes, como edad, género, ingresos, preferencias de compra, comportamientos de consumo y mucho más.

Con esta información en mano, los vendedores pueden comenzar a desarrollar personas detalladas para diferentes segmentos del público. Por ejemplo, una empresa que vende ropa deportiva puede tener una persona para una mujer de 25 a 35 años que practica yoga, otra para un hombre de 30 a 40 años que practica levantamiento de pesas y así sucesivamente.

Cada persona debe ser única y personalizada, con información específica sobre lo que el cliente está buscando, sus desafíos y obstáculos, y cómo toman decisiones de compra.

Al desarrollar personas, es importante considerar los diferentes canales de ventas. Por ejemplo, la persona de un cliente B2B puede ser muy diferente de la persona de un cliente B2C, y esto puede afectar la forma en que prefieren ser contactados y el mensaje que resuena con ellos.

Una vez que se crean las personas, es importante compartirlas con el equipo de ventas y asegurarse de que todos los miembros comprendan quiénes son estos clientes ideales. Esto ayudará a guiar la comunicación con los clientes, adaptándola a sus necesidades específicas. Las personas también se pueden utilizar para segmentar listas de contactos y personalizar campañas de marketing y ventas.

Además, las personas son una herramienta valiosa para evaluar el desempeño del departamento de ventas. Al monitorear el progreso de las ventas en relación con las personas, los vendedores pueden identificar patrones y áreas de mejora en sus estrategias de ventas. Esto puede llevar a ajustes en tiempo real y a la optimización del enfoque de ventas para satisfacer mejor las necesidades del público objetivo.

El desarrollo de personas es una parte fundamental de la estrategia de ventas de cualquier departamento de ventas ganador. Al comprender a su público objetivo de manera más profunda y personalizada, los vendedores pueden personalizar su enfoque de ventas y aumentar las posibilidades de éxito.

Ejemplo para ilustrar cómo se puede utilizar esta técnica en la práctica:

Persona: Mercedes

Cargo: Gerente de Marketing

Empresa: ABC Solutions

Industria: Tecnología

Edad: 35 años

Sexo: Femenino

Nivel de educación: Postgrado en Marketing

Salario: 9.000

Estado civil: Casada, con un hijo de 5 años

Intereses: Lectura, gastronomía, viajes

Dolores: Plazos ajustados, dificultad para seguir las tendencias del mercado

Objetivos: Aumentar la generación de leads cualificados, mejorar el ROI de las campañas de marketing

Producto: Plataforma de Automatización de Marketing Digital

Con base en la persona de Mercedes, es posible definir estrategias de marketing y ventas más efectivas, como por ejemplo, presentar casos de éxito de otras empresas de la industria de tecnología que lograron aumentar la generación de leads cualificados y mejorar el ROI de las campañas de marketing utilizando la plataforma de automatización de marketing digital.

Además, es posible adaptar el enfoque de ventas y el tono de comunicación de acuerdo con los intereses y dolores de la persona.

Cómo crear y mantener un pipeline de ventas efectivo

Un pipeline de ventas es la representación visual del proceso de ventas de una empresa, desde la identificación de leads hasta la finalización de la venta, es decir, un mapa de las etapas que componen el proceso de ventas. Una herramienta esencial para administrar y monitorear el progreso de las oportunidades de venta y prever los ingresos futuros.

¿Por qué es importante un pipeline de ventas?

Tener un pipeline de ventas efectivo es fundamental para el éxito de una empresa. Permite que el equipo de ventas siga el progreso de las oportunidades e identifique rápidamente los cuellos de botella en el proceso de ventas. Además, proporciona datos importantes para la toma de decisiones y la previsión de ingresos. Un pipeline de ventas también ayuda a identificar oportunidades de mejora en el proceso de ventas. Por ejemplo, si el equipo de ventas tiene dificultades para convertir leads en oportunidades de venta, el pipeline puede ayudar a identificar la etapa del proceso de ventas que necesita ser mejorada.

¿Cómo crear un pipeline de ventas efectivo?

Para crear un pipeline de ventas efectivo, siga estos pasos:

Defina las etapas del proceso de ventas. El primer paso para crear un pipeline de ventas efectivo es definir las etapas del proceso de ventas. Por lo general, estas etapas incluyen:

Generación de leads: esta etapa implica la identificación de posibles clientes que pueden estar interesados en los productos o servicios de la empresa.

Calificación de leads: en esta etapa, los leads se evalúan para determinar si son adecuados para convertirse en oportunidades de venta.

Identificación de oportunidades: en esta etapa, los leads calificados se identifican como oportunidades de venta.

Desarrollo de propuestas: en esta etapa, se desarrollan propuestas comerciales para presentar a los clientes potenciales.

Negociación y cierre: en esta etapa, se negocian las propuestas y se finalizan las ventas.

Defina criterios para cada etapa

Para que las etapas del proceso de ventas sean efectivas, es importante definir criterios claros para cada etapa. Por ejemplo, los criterios para la etapa de calificación de leads pueden incluir el tamaño de la empresa, el presupuesto disponible y la necesidad de productos o servicios de la empresa.

Establezca metas y métricas

Después de definir las etapas y criterios del proceso de ventas, es importante establecer metas y métricas para cada etapa. Esto permitirá que el equipo de ventas siga el progreso e identifique rápidamente los cuellos de botella en el proceso de ventas. Por ejemplo, una meta para la etapa de identificación de oportunidades puede ser el número de oportunidades identificadas por mes, mientras que una métrica para la etapa de negociación y cierre puede ser el tiempo promedio necesario para cerrar una venta.

Utiliza un software de gestión de ventas

Para hacer el proceso de ventas más eficiente, es importante utilizar un software de gestión de ventas para automatizar tareas repetitivas, como el registro de actividades de ventas y el seguimiento de leads. El software también puede proporcionar informes y análisis detallados sobre el rendimiento del pipeline.

Una vez creado el pipeline de ventas, es importante monitorearlo continuamente para garantizar que siga siendo efectivo y funcional. Aquí hay algunos consejos para mantener un pipeline de ventas efectivo:

Actualiza el pipeline regularmente

Mantener el pipeline de ventas actualizado es fundamental para garantizar que siga siendo efectivo. El equipo de ventas debe actualizar el pipeline regularmente, agregando nuevos leads, moviendo oportunidades a la siguiente etapa del proceso de ventas y cerrando ventas.

Usa las métricas para identificar oportunidades de mejora

Las métricas establecidas en el proceso de ventas deben utilizarse para identificar oportunidades de mejora en el pipeline de ventas. Si una etapa del proceso de ventas tiene un bajo rendimiento, el equipo de ventas debe analizar los datos para identificar el problema y hacer ajustes para mejorar el rendimiento.

Analiza el pipeline regularmente

El análisis regular del pipeline de ventas es importante para garantizar que siga funcionando de manera efectiva. El equipo de ventas debe analizar el pipeline regularmente para identificar tendencias, cuellos de botella y oportunidades de mejora.

Proporciona capacitación al equipo de ventas

El equipo de ventas debe recibir capacitación regular para garantizar que comprendan el proceso de ventas y sepan cómo utilizar el pipeline de ventas de manera efectiva. La capacitación puede incluir técnicas de ventas, habilidades de comunicación y uso de herramientas de gestión de ventas.

Ajusta el pipeline de ventas según sea necesario

El proceso de ventas y el pipeline de ventas deben ajustarse según sea necesario para garantizar que sigan siendo efectivos. Si la empresa introduce nuevos productos o servicios, por ejemplo, el pipeline de ventas debe ajustarse para acomodar estos cambios.

Un pipeline de ventas efectivo es fundamental para el éxito de una empresa. Ayuda a gestionar y monitorear el progreso de las oportunidades de ventas, proporcionando datos importantes para la toma de decisiones y la previsión de ingresos.

Para crear y mantener un pipeline de ventas efectivo, es importante definir las etapas del proceso de ventas, establecer criterios para cada etapa, establecer metas y métricas, utilizar un software de gestión de ventas y ajustar el pipeline según sea necesario.

El equipo de ventas debe actualizar el pipeline regularmente, usar las métricas para identificar oportunidades de mejora, analizar el pipeline regularmente, recibir capacitación y ajustar el pipeline de ventas según sea necesario para garantizar que siga siendo efectivo y funcional.

Métodos para calificar leads

Al identificar y seleccionar leads con mayor probabilidad de convertirse en clientes, los equipos de ventas pueden concentrar sus esfuerzos y recursos en las oportunidades más prometedoras, lo que resulta en un proceso de ventas más eficiente y rentable. En este capítulo, exploraremos diversos métodos para calificar leads, basados en conceptos y técnicas consagrados por los principales libros de ventas.

Método BANT

El método BANT (**Budget, Authority, Need** y **Timeframe**) fue desarrollado por IBM y es uno de los métodos de calificación de leads más conocidos y utilizados. Se basa en el análisis de cuatro criterios principales:

Budget (Presupuesto): ¿El lead tiene presupuesto disponible para adquirir el producto o servicio ofrecido?

Authority (Autoridad): ¿La persona con quien está hablando tiene autoridad para tomar decisiones o influir en el proceso de compra?

Need (Necesidad): ¿El lead tiene una necesidad real y clara del producto o servicio ofrecido?

Timeframe (Plazo): ¿Cuándo pretende el lead tomar una decisión e implementar la solución?

Los leads que cumplen con todos estos criterios tienen mayor probabilidad de convertirse en clientes y deben ser priorizados por el equipo de ventas.

Método CHAMP

El método CHAMP (**Challenges, Authority, Money, Prioritization**) fue creado como respuesta a las limitaciones del método BANT. Se concentra en identificar los desafíos que enfrentan los leads y evaluar su disposición para resolver estos problemas. Los criterios de CHAMP son:

Challenges (Desafíos): ¿Qué desafíos enfrenta el lead y cómo su solución puede ayudarlos a superarlos?

Authority (Autoridad): ¿La persona con quien está hablando tiene autoridad para tomar decisiones o influir en el proceso de compra?

Money (Dinero): ¿El lead tiene recursos financieros para invertir en la solución?

Prioritization (Priorización): ¿La solución que ofrece es una prioridad para el lead en este momento?

Este método ayuda a los equipos de ventas a concentrarse en leads que están enfrentando problemas reales y están dispuestos a invertir tiempo y dinero para resolverlos.

Método GPCTBA/C&I

El método GPCTBA/C&I (**Goals, Plans, Challenges, Timeline, Budget, Authority/Consequences & Implications**) fue desarrollado por HubSpot y es especialmente útil para ventas complejas y a largo plazo. Cubre una serie de criterios que ayudan a determinar la calidad del lead:

Goals (Objetivos): ¿Cuáles son los objetivos del lead y cómo su solución puede ayudarlos a alcanzarlos?

Plans (Planes): ¿El lead tiene planes para lograr sus objetivos? ¿Cómo encaja su solución en estos planes?

Challenges (Desafíos): ¿Qué obstáculos enfrenta el lead para lograr sus objetivos y cómo su solución puede ayudarlo a superarlos?

Timeline (Cronograma): ¿Cuál es el plazo para que el lead alcance sus objetivos e implemente la solución?

Budget (Presupuesto): ¿El lead tiene recursos financieros para invertir en la solución?

Authority (Autoridad): ¿La persona con la que está hablando tiene autoridad para tomar decisiones o influir en el proceso de compra?

Consequences (Consecuencias): ¿Cuáles son las consecuencias si el lead no resuelve los desafíos o alcanza sus objetivos?

Implications (Implicaciones): ¿Cuáles son las implicaciones a largo plazo para el lead si opta por su solución?

Al analizar estos criterios, los equipos de ventas pueden obtener una comprensión más profunda de las necesidades, motivaciones y preocupaciones de los leads, lo que les permite adaptar sus enfoques de ventas y aumentar sus posibilidades de éxito.

Método ANUM

El método ANUM (**Authority, Need, Urgency, Money**) es una variación simplificada de BANT y se centra en cuatro criterios fundamentales:

Authority (Autoridad): ¿La persona con la que está hablando tiene autoridad para tomar decisiones o influir en el proceso de compra?

Need (Necesidad): ¿El lead tiene una necesidad real y clara del producto o servicio ofrecido?

Urgency (Urgencia): ¿Cuál es el nivel de urgencia del lead para resolver su problema o satisfacer sus necesidades?

Money (Dinero): ¿El lead tiene recursos financieros para invertir en la solución?

Este método es útil para identificar rápidamente leads calificados en entornos de ventas de ritmo acelerado y enfocados en resultados.

Método FAINT

El método FAINT (**Funds, Authority, Interest, Need**, and **Timing**) es otra variación de BANT, diseñada para adaptarse a los cambios en el proceso de ventas moderno. Los criterios de FAINT son:

Funds (Recursos): ¿El lead tiene recursos financieros o acceso a recursos para invertir en la solución?

Authority (Autoridad): ¿La persona con la que está hablando tiene autoridad para tomar decisiones o influir en el proceso de compra?

Interest (Interés): ¿El lead muestra un interés genuino en la solución ofrecida?

Need (Necesidad): ¿El lead tiene una necesidad real y clara del producto o servicio ofrecido?

Timing (Tiempo): ¿Cuál es el momento ideal para abordar al lead con **su** solución?

Al utilizar el método FAINT, los equipos de ventas pueden ajustar sus enfoques para alinearse mejor con las expectativas y realidades del proceso de ventas actual.

La calificación de leads es una parte esencial de un departamento de ventas ganador. Al utilizar métodos efectivos de calificación de leads, como BANT, CHAMP, GPCTBA/C&I, ANUM y FAINT, los equipos de ventas pueden identificar y priorizar oportunidades con mayor probabilidad de éxito, optimizando sus recursos y mejorando sus resultados. La clave es elegir el método más adecuado para su negocio, adaptarlo según sea necesario y capacitar a su equipo para aplicarlo de manera eficiente y efectiva.

Estrategias para aumentar la conversión de leads en ventas

La conversión de leads en ventas debe ser el objetivo final de cualquier departamento de ventas. Para lograr este objetivo, es esencial implementar estrategias efectivas que puedan aumentar las tasas de conversión e impulsar el crecimiento del negocio. En este capítulo, exploraremos diversas estrategias comprobadas para aumentar la conversión de leads en ventas.

Construya relaciones sólidas

Establecer relaciones sólidas y duraderas con los leads es fundamental para aumentar la conversión. La confianza y la empatía son factores clave que influyen en la decisión de compra. Por lo tanto, los equipos de ventas deben esforzarse por comprender las necesidades y desafíos de los leads, ofreciendo soluciones personalizadas y valor agregado.

Enfoque en los beneficios, no en las características

Al presentar un producto o servicio, es crucial destacar los beneficios y el valor que proporciona, en lugar de centrarse solo en las características. Los leads están más interesados en saber cómo su solución puede resolver sus problemas y satisfacer sus necesidades. Por lo tanto, al comunicar los beneficios, los equipos de ventas tienen mayor probabilidad de convertir leads en clientes.

Implemente un proceso de ventas estructurado

Un proceso de ventas bien estructurado y estandarizado ayuda a garantizar que todas las oportunidades se traten de manera consistente y eficiente. Además, un proceso estructurado permite que los equipos de ventas identifiquen cuellos de botella y áreas de mejora, optimizando continuamente sus enfoques y aumentando las tasas de conversión.

Seguimiento eficiente

El seguimiento es una parte crucial del proceso de ventas. Ponerse en contacto con los leads en momentos estratégicos y de manera personalizada puede marcar la diferencia entre cerrar una venta o perder una oportunidad. Los equipos de ventas deben utilizar herramientas de CRM y automatización de ventas para agilizar el proceso de seguimiento y garantizar que ningún lead sea olvidado.

La conversión de leads en ventas debe ser el objetivo final de cualquier departamento de ventas. Para alcanzar este objetivo, es esencial implementar estrategias eficaces que puedan aumentar las tasas de conversión y impulsar el crecimiento del negocio. En este capítulo, exploraremos diversas estrategias comprobadas para aumentar la conversión de leads en ventas.

Construya relaciones sólidas

Establecer relaciones sólidas y duraderas con los leads es fundamental para aumentar la conversión. La confianza y la empatía son factores clave que influyen en la decisión de compra. Por lo tanto, los equipos de ventas deben esforzarse por comprender las necesidades y desafíos de los leads, ofreciendo soluciones personalizadas y valor agregado.

Enfóquese en los beneficios, no en las características

Al presentar un producto o servicio, es crucial destacar los beneficios y el valor que proporciona, en lugar de concentrarse solo en las características. Los leads están más interesados en saber cómo su solución puede resolver sus problemas y satisfacer sus necesidades. Por lo tanto, al comunicar los beneficios, los equipos de ventas tienen una mayor probabilidad de convertir leads en clientes.

Implemente un proceso de ventas estructurado

Un proceso de ventas bien estructurado y estandarizado ayuda a garantizar que todas las oportunidades sean tratadas de manera consistente y eficiente. Además, un proceso estructurado permite que los equipos de ventas identifiquen cuellos de botella y áreas de mejora, optimizando continuamente sus enfoques y aumentando las tasas de conversión.

Seguimiento eficiente

El seguimiento es una parte crucial del proceso de ventas. Ponerse en contacto con los leads en momentos estratégicos y de manera personalizada puede marcar la diferencia entre cerrar una venta o perder una oportunidad. Los equipos de ventas deben utilizar herramientas de CRM y automatización de ventas para agilizar el proceso de seguimiento y garantizar que ningún lead sea olvidado.

Entrenamiento y desarrollo continuos

Para maximizar las tasas de conversión, es fundamental invertir en el entrenamiento y desarrollo continuos del equipo de ventas. Esto incluye mejorar las habilidades de comunicación, negociación y cierre, así como mantenerse actualizado sobre las tendencias y cambios del mercado. Los equipos bien entrenados e informados están mejor equipados para manejar objeciones y convertir leads en ventas.

Establecer un sentido de urgencia

Crear un sentido de urgencia puede ser una estrategia efectiva para motivar a los leads a tomar una decisión de compra más rápidamente. Esto se puede hacer ofreciendo descuentos por tiempo limitado, destacando la escasez de productos o enfatizando los costos de oportunidad de no actuar de inmediato.

Superar objeciones

Las objeciones son una parte natural del proceso de ventas y deben ser tratadas como oportunidades para aclarar dudas y proporcionar información adicional. Los equipos de ventas deben estar preparados para manejar objeciones comunes y desarrollar estrategias para superarlas. Esto incluye demostrar empatía, escuchar atentamente y proporcionar respuestas claras y convincentes que aborden las preocupaciones de los leads.

Aprovechar testimonios y casos de éxito

Los testimonios de clientes satisfechos y los casos de éxito son herramientas poderosas que pueden ayudar a aumentar la conversión de leads en ventas. Proporcionan pruebas sociales del valor y la eficacia de su solución, ayudando a construir confianza y credibilidad. Asegúrese de compartir testimonios y casos de éxito relevantes con sus leads durante el proceso de ventas.

Personalizar sus enfoques de ventas

Cada lead es único y requiere un enfoque personalizado para aumentar las posibilidades de conversión. Los equipos de ventas deben esforzarse por entender las necesidades, preferencias y motivaciones específicas de cada lead, adaptando sus tácticas de ventas en consecuencia. Esto puede incluir segmentar leads según criterios específicos, como el tamaño de la empresa, el sector o la ubicación geográfica, y crear mensajes y ofertas personalizadas para cada segmento.

Establecer metas y monitorear el rendimiento

Establecer metas claras y medibles es fundamental para impulsar el éxito de las ventas. Los equipos de ventas deben establecer metas de conversión realistas y monitorear el rendimiento regularmente, identificando áreas de mejora y ajustando las estrategias según sea necesario. Además, es importante celebrar y recompensar el éxito, fomentando la motivación y el compromiso continuo del equipo.

Aumentar la conversión de leads en ventas es fundamental para el éxito de cualquier departamento de ventas. Implementar estrategias efectivas, como construir relaciones sólidas, enfocarse en los beneficios, implementar un proceso de ventas estructurado, realizar un seguimiento eficiente de los leads, invertir en entrenamiento y desarrollo, crear un sentido de urgencia, superar objeciones, aprovechar testimonios y casos de éxito, personalizar los enfoques de ventas y establecer metas y monitorear el rendimiento, puede ayudar a maximizar las tasas de conversión e impulsar el crecimiento del negocio. El éxito en la conversión de leads en ventas requiere dedicación, adaptabilidad y compromiso continuo por parte de los equipos de ventas y el liderazgo organizacional.

Técnicas de negociación para vendedores

La negociación es una habilidad esencial para vendedores exitosos. Dominar las técnicas de negociación puede ayudar a cerrar ventas de manera eficiente y garantizar resultados satisfactorios para ambas partes involucradas. En este capítulo, exploraremos diversas técnicas de negociación comprobadas para vendedores, basadas en conceptos y estrategias de ventas validadas y extraídas de los principales autores de ventas.

Prepárate para la negociación

La preparación es la clave para una negociación exitosa. Antes de entrar en una negociación, los vendedores deben investigar y comprender las necesidades, desafíos y objetivos del cliente potencial, así como sus propios límites y metas. Esto incluye conocer los recursos y beneficios del producto o servicio que están vendiendo y estar preparado para responder preguntas y objeciones.

Construye rapport y confianza

Establecer rapport (es una palabra de origen francés (rapporter), que significa "traer de vuelta" o "crear una relación) y confianza con el cliente potencial es fundamental para una negociación eficaz. Esto se puede lograr mediante la demostración de empatía, escuchando atentamente, respetando el tiempo y las opiniones del cliente potencial, y siendo honesto y transparente durante todo el proceso de negociación.

Sé asertivo, pero flexible

Los vendedores exitosos son asertivos en defender sus intereses y los de su empresa, pero también están dispuestos a ser flexibles y encontrar soluciones mutuamente beneficiosas. Esto puede implicar hacer concesiones en algunas áreas para obtener ventajas en otras, o presentar opciones creativas que satisfagan las necesidades de ambas partes.

Principio de reciprocidad

La reciprocidad es un poderoso principio psicológico que se puede utilizar a tu favor en la negociación. Al ofrecer algo de valor al cliente potencial, ya sea un descuento, una consulta gratuita o información útil, creas una sensación de deuda que puede llevar a concesiones por parte del cliente potencial.

Use el poder del silencio

El silencio puede ser una herramienta de negociación efectiva, especialmente cuando se usa después de hacer una propuesta o presentar una contraoferta. El silencio crea tensión y puede llevar al cliente potencial a reconsiderar su posición o hacer una concesión. Además, escuchar atentamente y dar espacio para que el cliente potencial hable permite a los vendedores obtener información valiosa que se puede usar durante la negociación.

Controle sus emociones

Mantener el control emocional durante la negociación es crucial para el éxito. Los vendedores deben evitar mostrar frustración, ira o impaciencia, ya que esto puede dañar la confianza y el rapport. En cambio, adopte un enfoque tranquilo y racional, centrándose en los hechos y beneficios de la solución propuesta.

Use anclaje

El anclaje es una técnica de negociación que implica establecer un punto de referencia o "ancla" a partir del cual se pueden llevar a cabo las negociaciones. Esto se puede hacer presentando una propuesta inicial que sea favorable para usted, pero dejando espacio para la negociación. Al establecer un anclaje, influye en la percepción del cliente potencial sobre el valor de la oferta y puede facilitar la obtención de un resultado más favorable.

Aprenda a manejar objeciones

Enfrentar objeciones es una parte común del proceso de negociación. Los vendedores exitosos saben cómo manejar las objeciones de manera efectiva, abordando las preocupaciones del cliente potencial y proporcionando información adicional o soluciones alternativas. Al enfrentar objeciones, es importante escuchar atentamente, mostrar empatía y responder con argumentos claros y bien fundamentados.

Haga concesiones con sabiduría

Las concesiones son una parte inevitable de la negociación, pero es crucial hacerlas con sabiduría y estrategia. Al hacer concesiones, asegúrese de que sean proporcionales a las concesiones hechas por el cliente potencial y de que no comprometan sus objetivos finales. Además, al hacer una concesión, intente obtener algo a cambio, reforzando el principio de reciprocidad.

Sepa cuándo y cómo cerrar el trato

Cerrar el trato es el paso final de la negociación y requiere habilidades y tácticas específicas. Los vendedores exitosos saben reconocer las señales de que un cliente potencial está listo para cerrar y utilizan técnicas de cierre efectivas, como asumir la venta, ofrecer un incentivo de última hora o hacer una pregunta cerrada que dirija al cliente potencial a tomar una decisión.

Dominar las técnicas de negociación es esencial para los vendedores que buscan cerrar ventas de manera eficiente y garantizar resultados satisfactorios para todas las partes involucradas. Al prepararse adecuadamente, establecer rapport y confianza, ser asertivo y flexible, utilizar principios como reciprocidad y anclaje, controlar las emociones, manejar objeciones, hacer concesiones con sabiduría y cerrar el trato, los vendedores pueden maximizar su éxito en negociaciones e impulsar el rendimiento general de las ventas.

Cómo manejar las objeciones de los clientes

Lidiar con objeciones es una parte inevitable del proceso de ventas. Las objeciones de los clientes pueden surgir por varias razones, como preocupaciones con el precio, incertidumbre sobre la eficacia del producto o servicio o falta de comprensión de las necesidades del cliente. Saber cómo lidiar con objeciones de manera efectiva es esencial para convertir leads en ventas y garantizar el éxito de su departamento de ventas. Aquí exploraremos estrategias comprobadas para lidiar con objeciones.

Escucha atentamente

El primer paso para lidiar con objeciones es escuchar atentamente al cliente. Esto demuestra respeto y empatía y ayuda a identificar la raíz de la objeción. Haga preguntas para aclarar la preocupación del cliente y asegúrese de entender completamente la objeción antes de responder.

Mantén la calma y sé paciente

Mantener la calma y la paciencia al lidiar con objeciones es fundamental para el éxito. Evite convertirse en defensivo o agresivo, ya que esto puede perjudicar la confianza y el rapport con el cliente. En su lugar, mantenga una actitud positiva y profesional al abordar objeciones.

Valida la objeción

Validar la objeción del cliente significa reconocer y mostrar comprensión de sus preocupaciones. Esto se puede hacer usando frases como "Entiendo sus preocupaciones" o "Es una cuestión legítima". Validar la objeción del cliente ayuda a establecer rapport y demuestra empatía.

Aborda la objeción con hechos e información

Al responder a objeciones, presente hechos e información claros y convincentes que aborden directamente las preocupaciones del cliente. Por ejemplo, si el cliente está preocupado por el precio, explique el valor agregado que su producto o servicio ofrece y cómo justifica el costo. Si la objeción está relacionada con la eficacia del producto, presente estudios de caso o testimonios de clientes satisfechos que prueben los resultados.

Usa preguntas dirigidas

Hacer preguntas dirigidas puede ayudar a abordar objeciones y llevar al cliente a reconsiderar su posición. Por ejemplo, pregunte al cliente qué está causando exactamente la vacilación o qué se necesitaría para aliviar sus preocupaciones. Esto puede ayudar a identificar áreas específicas que pueden abordarse para superar la objeción.

Ofrece soluciones alternativas

En algunos casos, puede ser útil ofrecer soluciones alternativas que aborden las preocupaciones del cliente sin comprometer sus propios objetivos de ventas. Esto puede incluir ofrecer un plan de pago flexible, un período de prueba gratuito o la posibilidad de personalizar el producto o servicio para satisfacer las necesidades específicas del cliente.

Practica la técnica "feel, felt, found"

La técnica "feel, felt, found" es una estrategia efectiva para lidiar con objeciones y consta de tres etapas: reconocer el sentimiento del cliente (feel), mostrar empatía al compartir que otros clientes han sentido lo mismo (felt) y luego presentar cómo esos clientes encontraron satisfacción o solución al usar tu producto o servicio (found). Esta técnica crea un sentido de comprensión y comunidad entre tú y el cliente y ofrece una respuesta positiva a la objeción.

Aprende cuándo retroceder

Aunque es importante abordar objeciones y buscar soluciones, también es crucial reconocer cuándo retroceder. Si el cliente sigue siendo inflexible después de varios intentos de abordar sus preocupaciones, puede ser más productivo cerrar la discusión de manera educada y profesional y volver a ponerse en contacto en un momento más adecuado.

Haz seguimiento y aprende de las objeciones

Hacer seguimiento a las objeciones de los clientes y analizar tu desempeño al lidiar con ellas puede proporcionar información valiosa para mejorar tus habilidades de ventas y perfeccionar tu enfoque. Utiliza esta información para identificar patrones y áreas de mejora, así como para capacitar y desarrollar a tu equipo de ventas.

Practica y perfecciona tus habilidades para lidiar con objeciones

Lidiar con objeciones es una habilidad que se puede perfeccionar con práctica y experiencia. Dedica tiempo al entrenamiento y al desarrollo personal, así como a mejorar las habilidades de tu equipo de ventas. Esto incluye participar en talleres, leer libros de ventas exitosas y practicar técnicas de respuesta a objeciones en simulaciones de ventas.

Lidiar con las objeciones de los clientes es una parte esencial del proceso de ventas y requiere habilidades y estrategias efectivas. Al escuchar atentamente, mantener la calma y ser paciente, validar objeciones, abordar preocupaciones con hechos e información, hacer preguntas específicas, ofrecer soluciones alternativas, usar la técnica "feel, felt, found", saber cuándo retroceder, hacer seguimiento y aprender de las objeciones y practicar continuamente tus habilidades, los vendedores pueden superar objeciones y convertir a los clientes potenciales en ventas de manera eficiente y efectiva. La práctica y la experiencia son fundamentales para dominar el arte de lidiar con objeciones, y los vendedores deben estar siempre dispuestos a aprender y adaptarse a situaciones y desafíos específicos que enfrentan.

La importancia del follow-up en ventas

El follow-up, o seguimiento, es una etapa crucial en el proceso de ventas y desempeña un papel fundamental en la construcción de relaciones duraderas con los clientes y en la generación de ventas exitosas. A menudo, los vendedores subestiman la importancia del follow-up, lo que puede resultar en la pérdida de oportunidades valiosas.

¿Por qué es importante el follow-up?

El follow-up es importante por varias razones:

Fortalece la relación con el cliente: El seguimiento permite que usted demuestre un interés genuino en el cliente y sus necesidades, lo que ayuda a construir rapport y confianza.

Aumenta la satisfacción del cliente: Hacer follow-up garantiza que el cliente esté satisfecho con su compra y que cualquier problema o preocupación sea abordado rápidamente.

Genera ventas adicionales: Un seguimiento eficaz puede llevar a ventas adicionales, ya sea a través de upselling, cross-selling o referencias.

Mejora la retención de clientes: Los clientes satisfechos tienen más probabilidades de hacer negocios repetidos y convertirse en clientes leales.

Ofrece oportunidades de retroalimentación: El seguimiento brinda la oportunidad de recopilar retroalimentación valiosa sobre sus productos o servicios e identificar áreas de mejora.

Momento y frecuencia del follow-up

El timing y la frecuencia del follow-up son fundamentales para su éxito. Es importante ponerse en contacto con el cliente justo después de la venta o la interacción inicial, pero sin ser excesivamente intrusivo. Un buen punto de partida es hacer un seguimiento dentro de las 24 a 48 horas posteriores a la venta o interacción inicial. Después de eso, la frecuencia del follow-up debe ser ajustada en función del tipo de cliente y la naturaleza de la relación comercial.

Métodos de follow-up

Hay varias formas de hacer follow-up con los clientes, y es importante elegir el método más apropiado para cada situación. Algunos de los métodos más comunes incluyen correo electrónico, teléfono, mensajes de texto, redes sociales y visitas personales. Cada método tiene sus propias ventajas y desventajas, y la elección del método correcto dependerá de las preferencias del cliente, la naturaleza de la relación y el mensaje que desea transmitir.

Contenido del follow-up

El contenido del follow-up debe ser relevante, personalizado y orientado al valor. Evite mensajes genéricos y concéntrese en abordar las necesidades específicas del cliente. Algunas sugerencias para crear un contenido de follow-up efectivo incluyen:

Agradecer al cliente por la compra o interacción

Proporcionar información útil o actualizaciones relevantes para el cliente;

Abordar cualquier preocupación o preguntas que el cliente pueda tener;

Ofrecer soporte o asistencia adicional, si es necesario;

Presentar oportunidades de upselling o cross-selling de manera útil y adecuada.

La importancia del CRM (Customer Relationship Management)

El uso de un sistema de CRM (Customer Relationship Management) es fundamental para administrar y organizar el follow-up en ventas. Un CRM eficiente ayuda a hacer un seguimiento del historial de interacciones con los clientes, registrar notas importantes, programar follow-ups y garantizar que no se pierda ninguna oportunidad. Además, un CRM puede proporcionar análisis e información valiosa para ayudarlo a comprender mejor a sus clientes y optimizar sus estrategias de ventas.

Establezca un proceso de follow-up

Desarrollar e implementar un proceso de follow-up bien definido es esencial para garantizar un seguimiento eficiente y consistente. Un proceso de follow-up debe incluir:

Definición de objetivos de follow-up

Identificación de los mejores métodos de follow-up para cada situación;

Creación de un cronograma de follow-up;

Entrenamiento de su equipo de ventas en técnicas de follow-up eficaces;

Monitoreo y análisis del desempeño del follow-up;

Aprenda de sus follow-ups.

Analizar el desempeño de sus follow-ups y aprender de ellos es crucial para la mejora continua de sus estrategias de ventas. Use los comentarios de los clientes y los datos recopilados a través de su CRM para identificar áreas de mejora y ajustar sus enfoques según sea necesario.

Comparta las mejores prácticas y lecciones aprendidas con su equipo de ventas para asegurarse de que todos estén en sintonía con las técnicas de follow-up más efectivas.

Al comprender la importancia del follow-up, elegir los métodos adecuados, crear contenido relevante y personalizado, utilizar un CRM eficiente, establecer un proceso de follow-up y aprender de sus follow-ups, puede fortalecer la relación con sus clientes, aumentar la satisfacción, generar ventas adicionales y mejorar la retención de clientes.

Invertir tiempo y recursos en el desarrollo de habilidades de follow-up efectivas y en la implementación de estrategias basadas en conceptos y prácticas comprobadas puede resultar en un departamento de ventas ganador y garantizar el éxito a largo plazo de su organización.

Cómo cerrar más ventas usando el método AIDA

El método AIDA es una estructura popular y efectiva de ventas que ayuda a los vendedores a llamar la atención de los clientes, despertar el interés, crear el deseo y motivarlos a la acción. La sigla AIDA representa Atención, Interés, Deseo y Acción.

Atención

El primer paso en el método AIDA es llamar la atención del cliente. Para lograrlo, los vendedores deben ser creativos, destacarse y crear una conexión emocional con el cliente. Algunas estrategias para captar la atención incluyen:

Usar enfoques innovadores y personalizados para iniciar conversaciones;

Compartir historias interesantes y relevantes sobre su producto o servicio;

Utilizar un lenguaje claro y envolvente;

Enfocarse en beneficios y soluciones, en lugar de solo en las características del producto.

Interés

Después de llamar la atención del cliente, el siguiente paso es despertar su interés. Para lograrlo, los vendedores deben presentar información relevante y valiosa que se conecte con las necesidades y deseos específicos del cliente. Algunas estrategias para generar interés incluyen:

Hacer preguntas abiertas para entender mejor las necesidades del cliente;

Proporcionar información detallada sobre los beneficios y ventajas de su producto o servicio;

Compartir estudios de caso, testimonios y ejemplos de éxito;

Establecer credibilidad y confianza a través de pruebas sociales, como evaluaciones y recomendaciones.

Deseo

El tercer paso en el método AIDA es crear el deseo. Para lograrlo, los vendedores deben ayudar a los clientes a visualizar cómo el producto o servicio puede mejorar sus vidas o resolver sus problemas.

Enfocarse en los beneficios emocionales y personales asociados con su producto o servicio;

Usar técnicas de storytelling para involucrar y conectarse emocionalmente con el cliente;

Ofrecer demostraciones, muestras o experiencias interactivas para permitir que los clientes vean el valor del producto en primera mano;

Usar disparadores emocionales, como urgencia o exclusividad, para aumentar el deseo.

Acción

El último paso en el método AIDA es motivar al cliente a la acción. Para hacerlo, los vendedores deben hacer que el proceso de compra sea fácil, atractivo y sin riesgos. Algunas estrategias para incentivar la acción incluyen:

Ofrecer incentivos, como descuentos o regalos, para motivar la compra;

Facilitar el proceso de compra, eliminando barreras y simplificando etapas;

Ofrecer garantías, políticas de devolución y soporte postventa para aumentar la confianza del cliente;

Utilizar técnicas de cierre eficaces, como asumir la venta o ofrecer opciones limitadas.

Adaptando el método AIDA a su proceso de ventas

Para implementar el método AIDA en su departamento de ventas, es importante adaptarlo a las necesidades específicas de su proceso de ventas y equipo. Considere los siguientes pasos para garantizar una implementación exitosa:

Capacite a su equipo de ventas en el método AIDA y explique la importancia de cada etapa;

Revise y ajuste su proceso de ventas para incorporar las cuatro etapas del AIDA;

Monitoree y evalúe el desempeño de su equipo, identificando áreas de mejora y éxito;

Fomente la experimentación y la innovación, permitiendo que los vendedores prueben diferentes enfoques dentro del método AIDA;

Comparta las mejores prácticas y lecciones aprendidas con todo el equipo para garantizar la mejora continua.

Combinando el método AIDA con otras estrategias de ventas

El método AIDA es una herramienta efectiva por sí sola, pero puede ser aún más poderoso cuando se combina con otras estrategias de ventas validadas. Considere incorporar lo siguiente en su proceso de ventas, junto con el método AIDA:

Enfoque en la relación con el cliente: Construya relaciones sólidas y duraderas con los clientes, asegurando que sus necesidades sean atendidas y que se sientan valorados;

Enfoque consultivo: Trabaje junto con el cliente para identificar y resolver problemas, presentando soluciones personalizadas y específicas;

Follow-up consistente: Asegure el seguimiento regular después de la venta para mantener la relación con el cliente, resolver problemas e identificar oportunidades adicionales de venta.

El método AIDA es una estructura probada y efectiva para cerrar más ventas y mejorar el desempeño de su departamento de ventas. Al implementar el método AIDA y adaptarlo a las necesidades específicas de su equipo y proceso de ventas, puede aumentar la satisfacción del cliente, impulsar las ventas y garantizar el éxito a largo plazo de su departamento de ventas.

Recuerde combinar el método AIDA con otras estrategias de ventas validadas y compartir las mejores prácticas con su equipo para garantizar un crecimiento continuo y un departamento de ventas ganador.

Cómo mejorar la comunicación interpersonal en el equipo de ventas

La comunicación interpersonal efectiva es fundamental para el éxito de cualquier departamento de ventas. La capacidad de comunicarse claramente y construir relaciones sólidas, tanto internamente como con los clientes, es una habilidad esencial para los vendedores.

Fomentar una cultura de comunicación abierta y honesta

La base de una comunicación interpersonal efectiva es una cultura de apertura y honestidad. Fomente la transparencia y la libre expresión de ideas y opiniones dentro del equipo de ventas. Esto incluye:

Establecer una política de puerta abierta para discusiones y retroalimentación;

Fomentar la colaboración y el intercambio de información entre los miembros del equipo;

Crear un ambiente seguro donde los vendedores puedan compartir sus preocupaciones y desafíos sin temor a represalias;

Promover la empatía y el entendimiento mutuo, alentando al equipo a ponerse en el lugar de sus colegas.

Entrenamiento en habilidades de comunicación

Invierta en capacitación para ayudar a su equipo de ventas a desarrollar habilidades de comunicación interpersonal. Ofrezca capacitación en áreas como:

Escucha activa: Aprender a escuchar con atención y comprender las necesidades y preocupaciones de los demás;

Comunicación no verbal: Entender y utilizar lenguaje corporal, tono de voz y expresiones faciales para mejorar la comunicación;

Inteligencia emocional: Desarrollar la capacidad de reconocer y manejar las emociones, tanto en uno mismo como en los demás;

Técnicas de persuasión e influencia: Aprender a persuadir e influir en los demás de manera ética y efectiva.

Implementar herramientas de comunicación eficaces

Aproveche las tecnologías modernas para mejorar la comunicación interpersonal en el equipo de ventas. Algunas herramientas que pueden ayudar a facilitar la comunicación incluyen:

Plataformas de mensajería instantánea: Permita que los miembros del equipo intercambien información e ideas rápidamente, incluso cuando están trabajando de forma remota;

Software de videoconferencia: Facilite reuniones virtuales y discusiones en grupo, proporcionando interacción visual y auditiva;

Herramientas de colaboración: Utilice aplicaciones y plataformas que permitan la colaboración en tiempo real en documentos y proyectos;

Sistemas de gestión de proyectos: Implemente soluciones que ayuden a organizar y monitorear el progreso de las tareas y proyectos del equipo.

Establecer canales de comunicación claros

Asegúrese de que todos los miembros del equipo de ventas comprendan los canales de comunicación disponibles y cómo usarlos adecuadamente. Esto puede incluir:

Definir puntos de contacto específicos para diferentes temas y preocupaciones;

Crear pautas claras sobre cuándo y cómo usar diferentes herramientas de comunicación;

Establecer protocolos para compartir información sensible o confidencial;

Incentivar la comunicación regular entre los miembros del equipo y los líderes del departamento de ventas.

Promover la comunicación interdepartamental

Mejorar la comunicación interpersonal en el equipo de ventas también implica la colaboración con otros departamentos. Incentive la comunicación abierta y el trabajo conjunto entre ventas, marketing, soporte al cliente y otros departamentos relevantes para garantizar que todos estén alineados y trabajando en dirección a los mismos objetivos. Algunas formas de promover la comunicación interdepartamental incluyen:

Realizar reuniones interdepartamentales regulares para discutir proyectos, metas y desafíos compartidos;

Establecer canales de comunicación específicos para la colaboración entre departamentos;

Incentivar el intercambio de información y el compartir recursos entre los equipos;

Promover actividades y eventos de team building que incluyan miembros de diferentes departamentos.

Dar y recibir retroalimentación de manera constructiva

La retroalimentación es una parte crucial de la comunicación interpersonal efectiva. Incentive a los miembros del equipo de ventas a dar y recibir retroalimentación de manera constructiva y respetuosa. Algunos consejos para una retroalimentación efectiva incluyen:

Proporcionar retroalimentación específica y basada en hechos, en lugar de opiniones personales;

Centrarse en comportamientos y acciones que se puedan modificar, en lugar de características personales;

Usar un lenguaje positivo y alentador, incluso al abordar áreas de mejora;

Estar abierto a recibir retroalimentación y estar dispuesto a hacer cambios basados en las sugerencias de los colegas.

Mejorar la comunicación interpersonal en el equipo de ventas es esencial para el éxito del departamento y la satisfacción de los clientes. Invertir en capacitación, promover una cultura de comunicación abierta y honesta y utilizar herramientas de comunicación efectivas pueden ayudar a crear un equipo de ventas más cohesionado y exitoso.

Establecer canales de comunicación claros, fomentar la colaboración interdepartamental y abordar el feedback de manera constructiva son estrategias importantes para mejorar la comunicación y impulsar el rendimiento general del departamento de ventas.

Técnicas de venta consultiva

La venta consultiva es un enfoque moderno y centrado en el cliente que se centra en identificar las necesidades del cliente y ofrecer soluciones personalizadas. En lugar de centrarse solo en cerrar acuerdos, los vendedores que adoptan este enfoque actúan como consultores confiables, trabajando en conjunto con el cliente para resolver problemas y alcanzar resultados.

Adopte una mentalidad de consultor

La base de la venta consultiva es la mentalidad de consultor. Los vendedores deben enfocarse en ayudar a los clientes a alcanzar sus objetivos en lugar de simplemente tratar de vender un producto o servicio. Esto incluye:

Aprender sobre la industria y los desafíos específicos del cliente;

Hacer preguntas para comprender completamente las necesidades del cliente;

Ser honesto y transparente en sus recomendaciones y soluciones;

Proporcionar valor continuo al cliente a través de soporte y seguimiento.

Haga preguntas abiertas y exploratorias

Las preguntas son una herramienta poderosa en la venta consultiva. Hacer preguntas abiertas y exploratorias ayuda a obtener información valiosa sobre las necesidades y desafíos del cliente. Algunos consejos para hacer preguntas efectivas incluyen:

Haga preguntas abiertas que alienten al cliente a compartir información e ideas;

Evite preguntas cerradas que puedan responderse con un simple "sí" o "no";

Enfóquese en comprender las metas, desafíos y preocupaciones del cliente;

Utilice técnicas de escucha activa para garantizar que comprenda las respuestas del cliente.

Demuestre empatía y comprensión

La empatía es fundamental en la venta consultiva. Demostrar empatía y comprensión por las necesidades y preocupaciones del cliente ayuda a construir confianza y establecer una relación sólida. Algunas formas de mostrar empatía incluyen:

Validar las emociones y preocupaciones del cliente;

Ponerse en el lugar del cliente y considerar sus perspectivas;

Compartir experiencias o historias relevantes para demostrar comprensión;

Expresar preocupación e interés genuino por el bienestar y el éxito del cliente.

Ofrezca soluciones personalizadas

En la venta consultiva, es esencial ofrecer soluciones personalizadas y específicas para las necesidades del cliente. Esto incluye:

Analizar la información recopilada durante las conversaciones con el cliente;

Desarrollar soluciones que aborden los desafíos y objetivos específicos del cliente;

Presentar las soluciones de manera clara y comprensible, destacando los beneficios para el cliente;

Adaptarse a los cambios en las necesidades del cliente y ajustar las soluciones según sea necesario.

Establezca relaciones a largo plazo

La venta consultiva se centra en construir relaciones a largo plazo con los clientes. Esto incluye:

Mantener contacto regular con los clientes para hacer seguimiento a su progreso y ofrecer soporte;

Proporcionar recursos adicionales e información útil para ayudar al cliente a alcanzar sus objetivos;

Estar disponible para responder preguntas y brindar orientación según sea necesario;

Anticipar las necesidades futuras del cliente y presentar soluciones proactivas.

Focaliza en la educación, no en la venta

En la venta consultiva, es importante enfocarse en educar al cliente en lugar de simplemente intentar cerrar la venta. Esto se puede lograr a través de:

Proporcionar información detallada y precisa sobre los productos o servicios ofrecidos;

Explicar cómo las soluciones propuestas se alinean con las necesidades y objetivos del cliente;

Utilizar estudios de caso, testimonios y datos para respaldar sus recomendaciones;

Alentar al cliente a hacer preguntas y aclarar sus dudas.

Desarrolla habilidades de comunicación efectivas

La comunicación efectiva es fundamental en la venta consultiva. Los vendedores deben ser capaces de comunicarse de manera clara y persuasiva para presentar soluciones y responder a las preocupaciones de los clientes. Algunos consejos para mejorar las habilidades de comunicación incluyen:

Practicar la escucha activa para comprender completamente las necesidades del cliente;

Utilizar un lenguaje claro y accesible para explicar soluciones y beneficios;

Perfeccionar habilidades de presentación para transmitir información de manera atractiva y persuasiva;

Adaptar el estilo de comunicación para adaptarse a las preferencias y necesidades individuales del cliente.

La venta consultiva es un enfoque efectivo y centrado en el cliente que puede llevar a resultados significativos para su departamento de ventas. Al adoptar una mentalidad de consultor, hacer preguntas abiertas y exploratorias, demostrar empatía y comprensión, ofrecer soluciones personalizadas y establecer relaciones a largo plazo, los vendedores pueden convertirse en consultores confiables para sus clientes.

Centrarse en la educación en lugar de la venta y desarrollar habilidades de comunicación efectivas ayudará a los vendedores a destacarse y tener éxito en la venta consultiva. La implementación de estas técnicas en su departamento de ventas puede conducir a una mayor satisfacción del cliente y un aumento en las ventas a largo plazo.

Estrategias de ventas para el ciclo de vida del cliente

El ciclo de vida del cliente es un enfoque que considera las diferentes etapas por las que un cliente pasa al interactuar con una empresa, desde el primer contacto hasta la fidelización. Comprender y adaptar estrategias de ventas para cada etapa del ciclo de vida del cliente es esencial para garantizar el éxito del departamento de ventas y la satisfacción del cliente.

Adquisición de clientes: atraer nuevos clientes

La primera etapa del ciclo de vida del cliente es la adquisición, donde el objetivo es atraer nuevos clientes a la empresa. Algunas estrategias de ventas eficaces para esta etapa incluyen:

Desarrollar campañas de marketing dirigidas y segmentadas para atraer clientes potenciales;

Utilizar técnicas de prospección, como llamadas telefónicas, correos electrónicos y eventos de networking para identificar y ponerse en contacto con clientes potenciales;

Ofrecer contenido educativo e informativo, como webinars, e-books y publicaciones de blog, para atraer clientes y mostrar el valor de su empresa;

Establecer asociaciones estratégicas con otras empresas para ampliar su alcance en el mercado.

Conversión de leads: convertir interesados en clientes

La segunda etapa del ciclo de vida del cliente es la conversión, donde el objetivo es convertir los interesados en clientes pagadores. Algunas estrategias de ventas eficaces para esta etapa incluyen:

Utilizar técnicas de venta consultiva para identificar las necesidades del cliente y ofrecer soluciones personalizadas.

Hacer un seguimiento cercano de los interesados y mantener actualizado un sistema de gestión de relaciones con el cliente (CRM) para garantizar un seguimiento adecuado;

Implementar técnicas de negociación y abordar objeciones para superar las barreras a la compra;

Ofrecer incentivos y promociones, como descuentos u ofertas especiales, para animar a los interesados a convertirse en clientes.

Retención de clientes: mantener a los clientes existentes satisfechos

La tercera etapa del ciclo de vida del cliente es la retención, donde el objetivo es mantener a los clientes existentes satisfechos y seguir proporcionando valor. Algunas estrategias de ventas eficaces para esta etapa incluyen:

Proporcionar un excelente servicio al cliente y soporte postventa para garantizar que los clientes sigan satisfechos con su empresa;

Mantener contacto regular con los clientes para identificar oportunidades de upsell y cross-sell;

Utilizar encuestas y comentarios de los clientes para identificar áreas de mejora y adaptar sus ofertas de productos o servicios en consecuencia;

Implementar programas de fidelización y recompensas para animar a los clientes a seguir haciendo negocios con su empresa.

Expansión del cliente: maximizar el valor de los clientes existentes

La cuarta etapa del ciclo de vida del cliente es la expansión, donde el objetivo es maximizar el valor de los clientes existentes a través de upselling, cross-selling y referencias. Estrategias de ventas efectivas para esta etapa incluyen:

Identificar oportunidades de upsell y cross-sell basadas en las necesidades y en el historial de compras del cliente;

Establecer una comunicación regular con los clientes para discutir nuevos productos, servicios o promociones que puedan ser de interés;

Entrenar a su equipo de ventas para reconocer y aprovechar las oportunidades de expansión de manera eficiente y ética;

Fomentar las referencias de clientes satisfechos, ofreciendo incentivos y recompensas por referencias exitosas.

Defensores de la marca: convertir a los clientes en embajadores

La quinta etapa del ciclo de vida del cliente es la creación de defensores de la marca, donde el objetivo es convertir a los clientes satisfechos en embajadores de su empresa. Estrategias de ventas efectivas para esta etapa incluyen:

Proporcionar una experiencia excepcional al cliente en todas las interacciones, asegurando que los clientes se sientan valorados y apreciados;

Fomentar que los clientes compartan sus experiencias positivas a través de testimonios, evaluaciones en línea y en las redes sociales;

Monitorear y responder al feedback de los clientes en las redes sociales y otros canales de comunicación para demostrar que la empresa se preocupa por la satisfacción del cliente;

Desarrollar campañas de marketing y eventos que involucren a los clientes y fortalezcan su conexión con la marca.

Comprender y adaptar estrategias de ventas para cada etapa del ciclo de vida del cliente es crucial para garantizar el éxito del departamento de ventas y la satisfacción del cliente. Al implementar estrategias efectivas para atraer nuevos clientes, convertir leads, retener y expandir la relación con clientes existentes y crear defensores de la marca, su empresa estará bien posicionada para alcanzar un crecimiento sostenible y resultados significativos.

Recuerde que la clave para el éxito en cada etapa del ciclo de vida del cliente es mantener el enfoque en las necesidades y deseos del cliente, proporcionando soluciones personalizadas y un servicio excepcional.

Cómo medir y analizar el desempeño del equipo de ventas

Medir y analizar el desempeño del equipo de ventas es esencial para el éxito de cualquier departamento de ventas. Los datos generados por la medición del desempeño de la equipo de ventas permiten a los líderes de ventas tomar decisiones informadas sobre cómo mejorar el desempeño individual y colectivo de los vendedores.

Métricas de desempeño de ventas

La medición del desempeño del equipo de ventas comienza con la identificación de las métricas apropiadas. Hay varias métricas que los líderes de ventas pueden usar para evaluar el desempeño de los vendedores. Algunas de las métricas más comunes incluyen:

Ingresos generados por vendedor

Número de nuevos clientes adquiridos

Tasa de conversión de ventas

Valor promedio de ventas por transacción

Tasa de retención de clientes

Estas métricas proporcionan una visión general del desempeño del equipo de ventas. Sin embargo, es importante recordar que las métricas de desempeño deben ser específicas para el negocio y objetivos de la empresa. Es importante tener una comprensión clara de lo que es importante medir y por qué.

Análisis de datos

Una vez que se han identificado las métricas de desempeño, es importante analizar los datos para comprender mejor el desempeño individual y colectivo de los vendedores.

Las herramientas de análisis de datos modernas pueden ayudar a los líderes de ventas a comprender mejor los patrones de comportamiento de los vendedores e identificar áreas de oportunidad para mejorar el desempeño.

Hay varias herramientas de análisis de datos que se pueden utilizar para medir el desempeño del equipo de ventas. Una de las herramientas más comunes es el software de gestión de relaciones con el cliente (CRM). El CRM permite a los líderes de ventas capturar datos importantes sobre las interacciones con los clientes y utilizar esos datos para evaluar el desempeño de los vendedores.

Otra herramienta de análisis de datos es el análisis de conversaciones de ventas. Con esta herramienta, los líderes de ventas pueden analizar las conversaciones de ventas entre los vendedores y los clientes para identificar patrones de comportamiento y áreas de oportunidad para mejorar el desempeño.

El análisis de datos también se puede utilizar para identificar tendencias de ventas y predecir la demanda futura. Esta información se puede utilizar para ajustar las estrategias de ventas y garantizar que el equipo de ventas esté preparado para satisfacer la demanda.

La medición y análisis del desempeño del equipo de ventas son fundamentales para el éxito de cualquier departamento de ventas. Las métricas de desempeño correctas deben ser identificadas y analizadas con herramientas modernas de análisis de datos para obtener información valiosa sobre el desempeño del equipo de ventas. Estos conocimientos se pueden utilizar para ajustar las estrategias de ventas y garantizar que el equipo esté trabajando de manera eficiente y efectiva.

Es importante recordar que la medición del desempeño del equipo de ventas no debe ser vista como un proceso único o aislado. En lugar de eso, es un proceso continuo que debe ser integrado en las actividades diarias de ventas y revisado regularmente para garantizar que las métricas estén siendo adecuadamente evaluadas y ajustadas según sea necesario.

Finalmente, para asegurar que la medición y análisis del desempeño del equipo de ventas sean exitosos, es importante involucrar al equipo de ventas en el proceso. Deben ser informados sobre las métricas que están siendo utilizadas y por qué son importantes.

Además, es importante brindar retroalimentación regular a los vendedores sobre su desempeño individual y colectivo para que puedan ajustar sus actividades diarias y mejorar continuamente.

Construyendo un manual (playbook) de ventas

Crear un playbook de ventas es un conjunto de directrices y procesos que ayudan al equipo de ventas a conducir el proceso de ventas de manera consistente y efectiva. Tener un playbook de ventas es fundamental para asegurar que el equipo de ventas esté alineado con los objetivos de ventas de la empresa y que todos estén trabajando con una aproximación común.

En este capítulo, discutiremos cómo construir un playbook de ventas efectivo utilizando conceptos modernos para asegurar que el equipo de ventas esté alineado y trabajando de forma consistente.

Definición de la estructura del playbook de ventas

Antes de empezar a construir un playbook de ventas, es importante definir la estructura y los componentes que estarán presentes. Un playbook de ventas efectivo debe incluir las siguientes secciones:

Visión general de la empresa y de los productos: esta sección debe proporcionar una visión general de la empresa y de los productos o servicios ofrecidos. Debe incluir información sobre la historia de la empresa, su misión, valores, diferencias competitivas y detalles sobre los productos o servicios que la empresa ofrece.

Personas del comprador: las personas del comprador son perfiles ficticios que representan al cliente ideal de la empresa. Esta sección debe describir las diferentes personas del comprador y cómo la empresa satisface las necesidades de cada una de ellas.

Proceso de ventas: esta sección debe describir el proceso de ventas de la empresa, desde la prospección hasta el cierre. Debe incluir información sobre cómo identificar leads calificados, cómo conducir reuniones de ventas, cómo manejar objeciones y cómo cerrar una venta.

Objeciones comunes: esta sección debe describir las objeciones más comunes que los vendedores enfrentan durante el proceso de ventas y cómo superarlas. Las objeciones pueden incluir preocupaciones sobre el precio, falta de necesidad, competencia y otros temas.

Herramientas de ventas: esta sección debe describir las herramientas de ventas que los vendedores pueden utilizar para ayudarlos a cerrar negocios. Las herramientas pueden incluir presentaciones, demostraciones de productos, estudios de caso y otros materiales de marketing.

Métricas de ventas: esta sección debe describir las métricas de ventas que la empresa utiliza para medir el éxito del equipo de ventas. Las métricas pueden incluir el número de ventas cerradas, la tasa de conversión de ventas, la facturación generada por vendedor y otras métricas relevantes.

Desarrollo del playbook de ventas

Después de definir la estructura del playbook de ventas, es hora de desarrollar el contenido. Esto implica trabajar con los líderes de ventas y otros miembros del equipo para crear el contenido que se incluirá en cada sección.

Aquí hay algunas sugerencias para desarrollar el contenido del playbook de ventas:

Trabajar con el equipo de ventas: involucrar al equipo de ventas en el proceso de desarrollo del playbook de ventas. Son los expertos en ventas y pueden proporcionar información valiosa sobre el proceso de ventas y las objeciones comunes que enfrentan durante el proceso de ventas.

Personalizar las personas del comprador: las personas del comprador deben ser personalizadas para la empresa y sus productos o servicios. Es importante entender las necesidades y deseos de los clientes para asegurar que el playbook de ventas sea efectivo.

Describa claramente el proceso de ventas: el proceso de ventas debe ser descrito de manera clara y concisa. Esto ayudará al equipo de ventas a entender cómo llevar a cabo una venta de manera consistente y efectiva.

Identifique las objeciones comunes: trabaje con el equipo de ventas para identificar las objeciones más comunes que enfrentan durante el proceso de ventas. Describa cómo superar estas objeciones y proporcione ejemplos prácticos.

Incluya ejemplos reales: incluya ejemplos reales de ventas exitosas para ayudar al equipo de ventas a entender cómo aplicar las directrices y procesos descritos en el playbook de ventas.

Personalice las herramientas de ventas: las herramientas de ventas deben ser personalizadas para la empresa y sus productos o servicios. Incluya materiales de marketing relevantes y útiles para ayudar al equipo de ventas a cerrar negocios.

Defina las métricas de ventas: las métricas de ventas deben ser definidas de manera clara y concisa. Esto ayudará al equipo de ventas a entender cómo se está midiendo su desempeño y cómo pueden mejorar.

Implementando el playbook de ventas

Una vez que se haya desarrollado el playbook de ventas, es hora de implementarlo en el equipo de ventas. Aquí hay algunos consejos para garantizar una implementación efectiva del playbook de ventas:

Entrenamiento: proporcione capacitación detallada sobre el playbook de ventas para el equipo de ventas. Deben entender cómo usar el playbook de ventas y cómo aplicar las directrices y procesos descritos.

Seguimiento y retroalimentación: haga seguimiento al desempeño del equipo de ventas y proporcione retroalimentación regular sobre su desempeño. Esto ayudará a identificar áreas de oportunidad para mejorar el desempeño del equipo.

Actualización del playbook de ventas: el playbook de ventas debe actualizarse regularmente para garantizar que siga siendo relevante y efectivo. Esto puede implicar trabajar con el equipo de ventas para identificar áreas de mejora y hacer ajustes en el playbook de ventas según sea necesario.

Construir un playbook de ventas efectivo es fundamental para el éxito del equipo de ventas y de la empresa en general. Un playbook de ventas bien desarrollado debe incluir una visión general de la empresa y de los productos, personas del comprador, proceso de ventas, objeciones comunes, herramientas de ventas y métricas de ventas.

Es importante personalizar el playbook de ventas para la empresa y sus productos o servicios, involucrar al equipo de ventas en el proceso de desarrollo e implementar el playbook de ventas de manera efectiva. Con un playbook de ventas efectivo, el equipo de ventas estará alineado con los objetivos de ventas de la empresa y trabajará de manera consistente para cerrar negocios de manera efectiva.

Cómo utilizar la tecnología para aumentar la eficiencia del equipo de ventas

La tecnología desempeña un papel cada vez más importante en el éxito del departamento de ventas. Con las herramientas adecuadas, el equipo de ventas puede trabajar de manera más eficiente, cerrar más acuerdos y aumentar los ingresos de la empresa. En este capítulo, discutiremos cómo usar la tecnología para aumentar la eficiencia del equipo de ventas.

Herramientas de automatización de ventas

Las herramientas de automatización de ventas pueden ayudar al equipo de ventas a trabajar de manera más eficiente y cerrar más acuerdos. Estas herramientas incluyen:

CRM: el software de gestión de la relación con el cliente (CRM) ayuda al equipo de ventas a administrar información importante sobre los clientes, incluidos datos de contacto, historial de compras e interacciones anteriores. Esto permite que los vendedores personalicen su enfoque y brinden un mejor servicio al cliente.

Automatización de correo electrónico: las herramientas de automatización de correo electrónico permiten que el equipo de ventas envíe correos electrónicos personalizados en masa a clientes potenciales y existentes. Esto ayuda a mantener la comunicación con los clientes potenciales y reduce el tiempo dedicado a crear correos electrónicos individuales.

Automatización de flujo de trabajo: las herramientas de automatización de flujo de trabajo ayudan al equipo de ventas a administrar tareas diarias, como seguimiento de clientes potenciales, programación de reuniones y envío de materiales de marketing. Esto permite que los vendedores se centren en las actividades de ventas más importantes.

Herramientas de análisis de ventas

Las herramientas de análisis de ventas pueden ayudar al equipo de ventas a comprender mejor el rendimiento e identificar oportunidades de mejora. Estas herramientas incluyen:

Análisis de conversaciones de ventas: las herramientas de análisis de conversaciones de ventas permiten que los líderes de ventas analicen las conversaciones de ventas entre los vendedores y los clientes para identificar patrones de comportamiento y áreas de oportunidad para mejorar el rendimiento.

Análisis de datos de ventas: las herramientas de análisis de datos de ventas ayudan al equipo de ventas a comprender mejor las tendencias de ventas, identificar oportunidades y tomar decisiones informadas sobre la estrategia de ventas.

Análisis de rendimiento individual: las herramientas de análisis de rendimiento individual permiten que los líderes de ventas analicen el rendimiento individual de los vendedores e identifiquen áreas para mejorar.

Herramientas de comunicación

Las herramientas de comunicación ayudan al equipo de ventas a mantener la comunicación con los clientes y el equipo de ventas de manera eficiente. Estas herramientas incluyen:

Videoconferencia: las herramientas de videoconferencia permiten que el equipo de ventas realice reuniones de ventas virtuales con clientes potenciales y existentes. Esto ayuda a reducir los costos de viaje y aumenta la eficiencia de las reuniones.

Mensajería instantánea: las herramientas de mensajería instantánea permiten que el equipo de ventas se comunique de manera rápida y eficiente, lo que es particularmente útil para equipos que trabajan de forma remota o en diferentes ubicaciones geográficas.

Softwares de colaboración: las herramientas de colaboración ayudan al equipo de ventas a trabajar juntos en proyectos y tareas, permitiendo que los vendedores compartan ideas y trabajen en tiempo real.

Herramientas de inteligencia artificial (IA): Las herramientas de IA están cada vez más presentes en el departamento de ventas, ayudando al equipo a trabajar con más eficiencia y eficacia. Estas herramientas incluyen:

Chatbots: los chatbots son programas de ordenador que simulan conversaciones humanas. Se pueden utilizar para responder a preguntas comunes de los clientes, programar reuniones e incluso hacer ventas.

Recomendaciones de productos: la IA se puede utilizar para analizar el historial de compras de un cliente y recomendar productos adicionales que puedan ser de interés.

Previsión de ventas: la IA se puede utilizar para analizar datos de ventas y tendencias del mercado para predecir las ventas futuras e identificar oportunidades de ventas.

Las herramientas tecnológicas discutidas en este capítulo pueden ayudar al equipo de ventas a trabajar con más eficiencia y eficacia, aumentando la productividad y cerrando más negocios.

Las herramientas de automatización de ventas, análisis de ventas, comunicación e IA pueden ayudar al equipo de ventas a gestionar leads, personalizar el enfoque de ventas, analizar datos de ventas y predecir oportunidades de ventas futuras.

A medida que la tecnología sigue evolucionando, es importante para las empresas invertir en las herramientas adecuadas para maximizar el potencial del equipo de ventas.

Elegir el mejor CRM para su empresa

El sistema de gestión de relaciones con el cliente (CRM) es una herramienta esencial para cualquier departamento de ventas exitoso. Un CRM eficiente permite que su equipo administre oportunidades de venta, monitoree el progreso de las ventas y mejore las relaciones con los clientes. Con tantas opciones de CRM disponibles en el mercado, puede ser difícil determinar qué solución es la mejor para su empresa.

Factores a considerar al elegir un CRM

Al elegir un CRM para su empresa, es importante considerar los siguientes factores:

Funcionalidades: El CRM debe ofrecer las características y funciones necesarias para apoyar los procesos y objetivos de ventas específicos de su empresa.

Integración: El CRM debe ser capaz de integrarse fácilmente con otras herramientas y sistemas que su empresa ya utiliza, como sistemas de automatización de marketing y software de atención al cliente.

Facilidad de uso: El CRM debe ser intuitivo y fácil de usar para que su equipo de ventas pueda comenzar a usarlo rápidamente y con eficiencia.

Personalización: El CRM debe ser lo suficientemente flexible para personalizarse de acuerdo con las necesidades y preferencias específicas de su empresa.

Escalabilidad: El CRM debe ser capaz de crecer con su empresa, permitiéndole agregar características y funciones según sea necesario.

Precio: El CRM debe ajustarse al presupuesto de su empresa y ofrecer un buen retorno de inversión.

Principales soluciones de CRM en el mercado actual

Aquí hay algunas de las principales soluciones de CRM disponibles en el mercado actual:

Salesforce: Salesforce es uno de los CRMs más populares y ampliamente utilizados, ofreciendo una amplia gama de características, incluyendo gestión de oportunidades de venta, automatización de ventas, análisis de datos e integración con una amplia variedad de aplicaciones y sistemas.

HubSpot CRM: HubSpot CRM es una solución de CRM fácil de usar y escalable que ofrece características de gestión de leads, automatización de ventas y análisis de datos, así como una integración perfecta con otras herramientas de marketing y ventas de HubSpot.

Zoho CRM: Zoho CRM es una solución de CRM completa y personalizable que ofrece características de gestión de leads, automatización de ventas, análisis de datos e integración con otras herramientas y sistemas de Zoho, como Zoho Desk y Zoho Mail.

Microsoft Dynamics 365 Sales: Microsoft Dynamics 365 Sales es una solución de CRM empresarial que ofrece características de gestión de leads, automatización de ventas, análisis de datos e integración con otras soluciones de Microsoft, como Office 365 y Microsoft Teams.

Pipedrive: Pipedrive es un CRM diseñado específicamente para equipos de ventas, ofreciendo características de gestión de leads, automatización de ventas y análisis de datos, además de una interfaz intuitiva y fácil de usar.

Pruebas y evaluación de soluciones de CRM

Antes de tomar una decisión final sobre el mejor CRM para su empresa, es importante probar y evaluar varias soluciones para garantizar que esté haciendo la elección correcta. Muchos proveedores de CRM ofrecen evaluaciones gratuitas o demos que le permiten probar sus sistemas antes de comprometerse. Durante la fase de evaluación, asegúrese de involucrar a su equipo de ventas en el proceso para obtener comentarios sobre la facilidad de uso y la eficacia de las herramientas en sus actividades diarias.

RD Station: RD Station es una solución de CRM y automatización de marketing desarrollada por Resultados Digitais, una empresa brasileña. RD Station ofrece características de gestión de leads, automatización de ventas y análisis de datos, además de integración con otras herramientas de marketing y ventas. Centrado en el mercado latinoamericano, RD Station es una opción atractiva para empresas que buscan un CRM con soporte local y características adaptadas a las necesidades específicas de esta región.

Moskit: Moskit es un CRM brasileño dirigido a pequeñas y medianas empresas, que ofrece una solución simple y eficiente para la gestión de relaciones con los clientes. Moskit incluye características de gestión de leads, automatización de ventas, análisis de datos e integración con otras herramientas como correo electrónico y telefonía. Con una interfaz intuitiva y fácil de usar, Moskit es una opción atractiva para empresas que buscan un CRM fácil de implementar y gestionar.

Elegir el mejor CRM para su empresa es una decisión importante que puede tener un impacto significativo en el éxito de su departamento de ventas. Al considerar factores como características, integración, facilidad de uso, personalización, escalabilidad y precio, puede seleccionar la solución de CRM más adecuada para las necesidades específicas de su empresa. Probar y evaluar varias soluciones como Salesforce, HubSpot CRM, Zoho CRM, Microsoft Dynamics 365 Sales, Pipedrive, RD Station y Moskit ayudará a garantizar que esté haciendo la elección correcta y maximizando el retorno de su inversión en su solución de CRM elegida.

Cómo utilizar los datos para tomar decisiones de ventas más inteligentes

En el mundo actual, la toma de decisiones basada en datos es fundamental para el éxito en las ventas. Con la cantidad creciente de información disponible, las empresas tienen la oportunidad de analizar y utilizar estos datos para tomar decisiones de ventas más informadas y eficaces.

Vamos a explorar cómo usar datos para mejorar la toma de decisiones en ventas, desde la identificación de oportunidades de mercado hasta el ajuste de estrategias y la optimización de procesos.

Identificando oportunidades de mercado

Una de las maneras más efectivas de usar datos para tomar decisiones de ventas más inteligentes es analizar tendencias y patrones de mercado para identificar oportunidades. Esto puede incluir el análisis de datos demográficos, comportamentales y de consumo para identificar segmentos de mercado con mayor probabilidad de comprar sus productos o servicios.

Además, analizar datos de ventas históricos y datos estacionales puede ayudarlo a prever demandas futuras y asignar recursos de manera más eficiente.

Segmentando y priorizando leads

Usar datos para segmentar y priorizar leads es otra manera efectiva de mejorar la toma de decisiones en ventas. Al analizar datos sobre el comportamiento y las preferencias de sus leads, puede crear segmentos de mercado más específicos y dirigir sus ofertas y mensajes de ventas en consecuencia.

El análisis de datos de compromiso e interacción puede ayudarlo a identificar y priorizar leads con mayor probabilidad de conversión, permitiendo que su equipo de ventas se concentre en los leads más prometedores.

Optimizando estrategias de ventas

El análisis de datos de ventas también puede ayudarlo a optimizar sus estrategias de ventas y mejorar la eficacia de su equipo. Esto puede incluir el análisis de datos de rendimiento de ventas para identificar áreas de fortaleza y debilidad, así como la realización de pruebas A/B para determinar las tácticas de ventas más efectivas.

Monitorear las métricas de ventas y ajustar sus estrategias en función de los resultados ayudará a garantizar que siempre esté tomando decisiones informadas y adaptándose a los cambios en las condiciones del mercado.

Mejorando la eficiencia del proceso de ventas

En el mundo actual, la toma de decisiones basada en datos es fundamental para el éxito en ventas. Con la cantidad creciente de información disponible, las empresas tienen la oportunidad de analizar y utilizar estos datos para tomar decisiones de ventas más informadas y eficaces.

Veamos cómo utilizar los datos para mejorar la toma de decisiones en ventas, desde la identificación de oportunidades de mercado hasta el ajuste de estrategias y la optimización de procesos.

Identificando oportunidades de mercado

Una de las maneras más efectivas de utilizar los datos para tomar decisiones de ventas más inteligentes es analizar tendencias y patrones de mercado para identificar oportunidades. Esto puede incluir el análisis de datos demográficos, comportamentales y de consumo para identificar segmentos de mercado con mayor probabilidad de comprar sus productos o servicios.

Además, analizar datos de ventas históricos y datos estacionales puede ayudarlo a prever demandas futuras y asignar recursos de manera más eficiente.

Segmentando y priorizando leads

Utilizar datos para segmentar y priorizar leads es otra manera efectiva de mejorar la toma de decisiones en ventas. Al analizar datos sobre el comportamiento y las preferencias de sus leads, puede crear segmentos de mercado más específicos y dirigir sus ofertas y mensajes de ventas según corresponda.

El análisis de datos de interacción y engagement puede ayudarlo a identificar y priorizar leads con mayor probabilidad de conversión, permitiendo que su equipo de ventas se enfoque en los leads más prometedores.

Optimizando estrategias de ventas

El análisis de datos de ventas también puede ayudarlo a optimizar sus estrategias de ventas y mejorar la eficacia de su equipo. Esto puede incluir el análisis de datos de desempeño de ventas para identificar áreas de fortaleza y debilidad, así como la realización de pruebas A/B para determinar las tácticas de ventas más efectivas.

Monitorear las métricas de ventas y ajustar sus estrategias según los resultados ayudará a garantizar que esté tomando decisiones informadas y adaptándose a los cambios en las condiciones del mercado.

Mejorando la eficiencia del proceso de ventas

Los datos también pueden ser utilizados para mejorar la eficiencia del proceso de ventas, identificando cuellos de botella e ineficiencias que puedan estar impidiendo el éxito de su equipo. Esto puede incluir el análisis de datos de tiempo de respuesta, tasa de conversión y tiempo promedio de cierre para identificar áreas en las que se pueden hacer mejoras. Al abordar estos problemas y optimizar su proceso de ventas, puede aumentar la productividad de su equipo y mejorar sus resultados.

Monitoreando y ajustando el desempeño

Finalmente, es importante utilizar los datos para monitorear continuamente el desempeño de su equipo de ventas y hacer ajustes según sea necesario. Esto puede incluir la revisión regular de métricas e indicadores clave de desempeño (KPIs) para garantizar que su equipo esté cumpliendo con las metas y objetivos establecidos. Utilizar datos para identificar áreas de mejora y proporcionar retroalimentación y capacitación dirigida a los miembros del equipo puede ayudar a impulsar el desempeño y la motivación.

Para aprovechar al máximo los datos en su proceso de ventas, es esencial utilizar las herramientas y tecnologías adecuadas para recopilar, analizar y visualizar esta información. Algunas soluciones de CRM, como Salesforce, HubSpot y Microsoft Dynamics 365, ofrecen características avanzadas de análisis de datos que permiten identificar tendencias, patrones y oportunidades con facilidad.

Herramientas como Tableau, Power BI y Google Data Studio pueden ser útiles para crear paneles de control personalizados y visualizaciones de datos interactivas que ayuden a comunicar la información de ventas de manera más efectiva.

La toma de decisiones basada en datos es fundamental para el éxito de un departamento de ventas ganador. Al utilizar datos para identificar oportunidades de mercado, segmentar y priorizar leads, optimizar estrategias de ventas, mejorar la eficiencia del proceso de ventas y monitorear y ajustar el desempeño, puede tomar decisiones de ventas más inteligentes y impulsar el éxito de su equipo.

Al invertir en herramientas y tecnologías de análisis de datos, estará mejor equipado para aprovechar el poder de los datos y garantizar que su departamento de ventas esté siempre un paso adelante de la competencia.

El papel del marketing en la generación de leads para ventas

La generación de leads es un componente crítico para el éxito de un departamento de ventas. Sin leads de calidad, el equipo de ventas tendrá dificultades para alcanzar sus objetivos y impulsar el crecimiento de la empresa. En este contexto, el marketing desempeña un papel crucial en la generación de leads y en la creación de oportunidades de ventas.

La importancia de la generación de leads en el marketing

La generación de leads es una de las principales responsabilidades del departamento de marketing. Al crear campañas y contenido que atraen e involucran a la audiencia objetivo, el marketing crea oportunidades para que el equipo de ventas se conecte con los leads y los convierta en clientes. Un proceso de generación de leads exitoso puede ayudar a aumentar los ingresos, impulsar el crecimiento y garantizar la sostenibilidad a largo plazo de la empresa.

Estrategias y tácticas para la generación de leads

Existen varias estrategias y tácticas que los profesionales del marketing pueden utilizar para generar leads y crear oportunidades de ventas. Algunos de estos enfoques incluyen:

Marketing de contenido: La creación y promoción de contenido relevante y valioso (como publicaciones de blog, libros electrónicos, whitepapers y webinars) puede atraer e involucrar a su audiencia objetivo, estableciendo su empresa como una fuente confiable de información y generando leads en el proceso.

SEO (optimización de motores de búsqueda): Optimizar su sitio web y contenido para motores de búsqueda puede aumentar la visibilidad en línea de su empresa, dirigir tráfico orgánico y generar leads de alta calidad.

Publicidad pagada: Utilizar anuncios pagados en motores de búsqueda y plataformas de medios sociales puede ayudar a dirigir el tráfico a sus páginas de destino, aumentar la exposición de su marca y generar leads rápidamente.

Redes sociales: La promoción de su marca y contenido en las redes sociales puede ayudar a atraer e involucrar a su audiencia objetivo, además de generar leads a través de interacciones, comentarios y compartidos.

Email marketing: Las campañas de email marketing pueden ser utilizadas para nutrir leads, compartir contenido relevante e incentivar la conversión.

Nutrir leads y prepararlos para el equipo de ventas

Además de generar leads, el marketing también es responsable de nutrirlos y prepararlos para el equipo de ventas. Esto puede incluir la implementación de programas de nutrición de leads que implican el envío regular de contenido relevante y personalizado, así como el uso de técnicas de segmentación y puntuación de leads para identificar aquellos que están listos para ser abordados por el equipo de ventas.

Alinear marketing y ventas para maximizar el éxito

Para garantizar el éxito en la generación de leads y la conversión de ventas, es crucial que los departamentos de marketing y ventas estén alineados y trabajen juntos hacia objetivos comunes. Esto puede lograrse a través de una comunicación clara y regular entre los equipos, estableciendo metas compartidas y métricas de rendimiento y colaborando en estrategias y tácticas de generación de leads. Algunos pasos para alinear marketing y ventas incluyen:

Establecer un proceso claro de transferencia de leads: Definir un proceso para pasar leads cualificados del marketing a ventas, incluyendo criterios de calificación, puntuación de leads y etapas de seguimiento.

Compartir información y conocimientos: Los equipos de marketing y ventas deben compartir regularmente información y conocimientos sobre leads, clientes y tendencias del mercado para garantizar que ambos estén trabajando con la información más reciente y relevante.

Definir metas y KPIs compartidos: Establecer metas e indicadores clave de rendimiento (KPIs) compartidos que reflejen los objetivos comunes de marketing y ventas, como la generación de leads, la conversión de ventas y los ingresos.

Colaborar en campañas e iniciativas: Los equipos de marketing y ventas deben trabajar juntos para desarrollar y ejecutar campañas e iniciativas que generen leads y apoyen el proceso de ventas, como eventos, promociones y campañas de contenido.

El papel del marketing en la generación de leads es fundamental para el éxito de un departamento de ventas ganador. Al desarrollar e implementar estrategias y tácticas efectivas de generación de leads, nutrir y preparar leads para el equipo de ventas y alinear los esfuerzos de marketing y ventas, las empresas pueden maximizar el potencial de sus iniciativas de generación de leads y impulsar el crecimiento y los ingresos.

Trabajando juntos, los departamentos de marketing y ventas pueden asegurar que la generación de leads sea un proceso continuo y exitoso, lo que lleva a resultados impresionantes para toda la empresa.

Desarrollando una estrategia de marketing para ventas

Una estrategia de marketing eficaz es fundamental para el éxito de un departamento de ventas. La estrategia de marketing para ventas es un plan dirigido a atraer, involucrar y convertir leads, apoyando al equipo de ventas en todo el proceso de ventas. En este capítulo, discutiremos las etapas para desarrollar una estrategia de marketing para ventas, incluyendo la definición de objetivos, la identificación del público objetivo, la selección de tácticas y la medición del desempeño.

Definiendo objetivos de marketing para ventas

El primer paso para desarrollar una estrategia de marketing para ventas es definir objetivos claros y medibles. Estos objetivos deben ser específicos, alcanzables, relevantes y basados en el tiempo y pueden incluir metas relacionadas con la generación de leads, conversión de ventas, fidelización de clientes o crecimiento de la facturación.

Los objetivos de marketing para ventas deben estar alineados con los objetivos generales de la empresa y del departamento de ventas.

Identificando el público objetivo

El siguiente paso es identificar el público objetivo para su estrategia de marketing para ventas. Esto implica el análisis de información demográfica, psicográfica y conductual sobre sus clientes actuales y potenciales, con el fin de crear perfiles de compradores ideales.

Estos perfiles de compradores ayudan al equipo de marketing a desarrollar mensajes y contenido dirigidos, que resuenen con el público objetivo y apoyen los objetivos de ventas.

Creando un plan de marketing para ventas

Después de seleccionar sus tácticas y canales de marketing, es hora de crear un plan de marketing para ventas detallado. Este plan debe incluir información sobre sus objetivos, público objetivo, tácticas y canales de marketing seleccionados, así como un cronograma y presupuesto para la implementación de las actividades de marketing.

También es importante incluir detalles sobre la coordinación entre los equipos de marketing y ventas, asegurando un enfoque integrado y colaborativo para alcanzar sus objetivos.

Implementando la estrategia de marketing para ventas

Con un plan detallado en mano, puede comenzar a implementar su estrategia de marketing para ventas. Esto implica la creación y promoción de contenido, la optimización de su sitio y redes sociales, la ejecución de campañas de correo electrónico y publicidad pagada y el monitoreo de los resultados.

Durante la implementación, es esencial que los equipos de marketing y ventas trabajen juntos para garantizar la transferencia eficiente de leads calificados y para ajustar las actividades de marketing según sea necesario.

Midiendo el desempeño de la estrategia de marketing para ventas

Para garantizar el éxito de su estrategia de marketing para ventas, es crucial medir su desempeño y ajustar las tácticas y enfoques según sea necesario. Esto implica el seguimiento de métricas clave de desempeño (KPI), como la generación de leads, la tasa de conversión, el costo por lead, el ciclo de ventas y el retorno de inversión en marketing (ROI).

El análisis de estas métricas puede ayudar a identificar áreas de éxito y oportunidades de mejora, permitiéndole optimizar su estrategia de marketing para ventas y maximizar el impacto en sus objetivos de ventas.

Desarrollar una estrategia de marketing para ventas implica definir objetivos claros, identificar el público objetivo, seleccionar tácticas y canales de marketing efectivos, crear un plan detallado e implementar y medir el desempeño de la estrategia. Siguiendo estos pasos y trabajando en estrecha colaboración con el equipo de ventas, puede crear una estrategia de marketing para ventas que respalde el éxito de su departamento de ventas y contribuya al crecimiento y rentabilidad de su empresa.

Cómo crear contenido relevante para su audiência

El marketing de contenido es una parte esencial de cualquier estrategia de marketing y ventas exitosa. Crear contenido relevante y atractivo ayuda a atraer, nutrir y convertir clientes potenciales, además de establecer su empresa como una autoridad en su sector.

Investigar temas y tendencias de la industria

Para crear contenido relevante, es fundamental comenzar con una investigación sólida. Esto implica investigar temas y tendencias en su sector, así como los intereses y necesidades de su audiencia. Algunas formas de investigar temas y tendencias incluyen:

Monitorizar foros y grupos de discusión en línea relacionados con su sector;

Seguir las noticias y los desarrollos de la industria;

Leer blogs y publicaciones influyentes en su campo;

Realizar investigaciones de palabras clave para identificar términos populares y relevantes.

Esta investigación ayudará a identificar áreas de interés para su audiencia y proporcionará información sobre los temas que son más relevantes y atractivos.

Identificar las necesidades e intereses de su audiencia

Al crear contenido relevante, es importante entender las necesidades e intereses específicos de su audiencia. Esto se puede hacer a través de investigaciones de mercado, análisis de datos demográficos y comportamentales, y comentarios directos de los clientes. Al identificar las necesidades e intereses de su audiencia, puede crear contenido que aborde estas áreas y proporcione un valor real a los lectores.

Producir contenido atractivo e informativo

Con una comprensión clara de los temas y tendencias de la industria y las necesidades de su audiencia, puede comenzar a producir contenido atractivo e informativo. Algunos consejos para crear contenido relevante incluyen:

Centrarse en la calidad en lugar de la cantidad: Invierta tiempo y recursos en la creación de contenido de alta calidad que proporcione información valiosa y perspectivas a los lectores.

Ser original y auténtico: Evite el uso excesivo de jerga y clichés y, en su lugar, adopte una voz auténtica y original que refleje la personalidad y los valores de su marca.

Usar una variedad de formatos de contenido: Experimente con diferentes formatos de contenido, como blogs, videos, webinars, libros electrónicos e infografías, para mantener a su audiencia comprometida e interesada.

Incluir historias y ejemplos: Las historias son una forma poderosa de involucrar a su audiencia e ilustrar puntos importantes. Incluya ejemplos e historias reales para hacer que su contenido sea más relevante y cautivador.

Optimizar su contenido para SEO

El contenido relevante no se trata solo de lo que escribe, sino también de cómo lo presenta. Optimizar su contenido para SEO (optimización para motores de búsqueda) es una parte importante de la creación de contenido relevante, asegurándose de que su audiencia pueda encontrarlo fácilmente en los motores de búsqueda. Algunos consejos para optimizar su contenido para SEO incluyen:

Investigar y utilizar palabras clave relevantes: Identifique las palabras clave más relevantes para su tema e inclúyalas de manera natural y estratégica en su contenido.

Crear títulos y subtítulos atractivos: Utilice títulos y subtítulos que sean interesantes e informativos y que incluyan sus palabras clave.

Optimizar las etiquetas meta y las descripciones: Escriba etiquetas meta y descripciones atractivas y relevantes que incluyan sus palabras clave y animen a los usuarios a hacer clic en su contenido.

Incluir enlaces internos y externos: Agregue enlaces a otras páginas de su sitio y fuentes externas relevantes para mejorar la experiencia del usuario y aumentar la autoridad de su contenido.

Promocionar y compartir su contenido

Después de crear contenido relevante y optimizado para SEO, es importante promocionarlo y compartirlo con su audiencia. Algunas estrategias para promocionar y compartir su contenido incluyen:

Utilizar las redes sociales: Comparta su contenido en las redes sociales relevantes e incentive a su audiencia a compartir e interactuar con el contenido.

Enviar boletines por correo electrónico: Incluya su contenido en boletines por correo electrónico para informar a su audiencia sobre nuevas características y mantenerlos comprometidos.

Colaborar con influenciadores y socios de la industria: Trabaje con influenciadores y socios de la industria para ampliar el alcance de su contenido y atraer nuevos públicos.

Participar en eventos y conferencias: Presente su contenido en eventos y conferencias de la industria para aumentar la visibilidad y establecer su autoridad en el tema.

Crear contenido relevante para su audiencia es esencial para el éxito de sus estrategias de marketing y ventas. Al investigar tópicos y tendencias del sector, identificar las necesidades del público, producir contenido atractivo e informativo, optimizar para SEO y promover y compartir su contenido, puede atraer y nutrir leads y establecer su empresa como una autoridad en su campo. Esto, a su vez, resultará en un departamento de ventas más efectivo y exitoso.

Utilizando las redes sociales para generar leads de ventas

Las redes sociales se han convertido en una herramienta cada vez más importante para las empresas en la generación de leads y en el desarrollo de relaciones con clientes potenciales. Aquí, exploraremos cómo utilizar las redes sociales para generar leads de ventas, abordando estrategias específicas, la importancia de la segmentación de público y cómo medir el éxito de sus campañas en las redes sociales.

Seleccionando las plataformas adecuadas

El primer paso para utilizar las redes sociales en la generación de leads de ventas es elegir las plataformas más adecuadas para su empresa y su público objetivo. Algunas de las principales plataformas incluyen Facebook, Instagram, LinkedIn, Twitter y YouTube. Cada plataforma tiene su propio conjunto de recursos y público objetivo, por lo que es importante seleccionar aquellas que mejor se alinean con sus objetivos de ventas y el perfil de su público.

Segmentación del público

Segmentar su público es fundamental para generar leads de ventas de calidad en las redes sociales. Al dirigir su contenido y sus campañas a un público específico, aumentará la relevancia y la eficacia de sus acciones de marketing. Para segmentar su público con eficacia, considere los siguientes factores:

Demografía: edad, género, ubicación, ingresos y educación.

Comportamiento: intereses, hobbies, estilo de vida y comportamiento de compra.

Necesidades y desafíos: identifique los problemas y desafíos que su público enfrenta y cómo su empresa puede ayudarles a resolverlos.

Estrategias específicas para la generación de leads en las redes sociales

Existen varias estrategias que puede utilizar para generar leads de ventas en las redes sociales. Algunas de estas estrategias incluyen:

Compartir contenido valioso e informativo: Cree y comparta contenido relevante que aborde las necesidades e intereses de su público objetivo. Esto ayudará a establecer su empresa como una autoridad en su sector y atraer leads interesados en sus productos o servicios.

Interactuar con su público: Responda a comentarios, preguntas y mensajes de su público en las redes sociales. Esto demuestra que su empresa se preocupa por sus clientes y está disponible para ayudarles.

Promover ofertas y promociones exclusivas: Utilice las redes sociales para ofrecer descuentos, promociones y ofertas exclusivas a sus seguidores. Esto incentivará la acción y ayudará a generar leads de ventas.

Utilizar publicidad pagada: Aproveche la segmentación avanzada disponible en las plataformas de redes sociales para promocionar sus productos y servicios directamente a su público objetivo a través de anuncios pagados.

Integrando redes sociales y otras estrategias de marketing

Para obtener mejores resultados en la generación de leads de ventas, es importante integrar sus estrategias de redes sociales con otras acciones de marketing, como marketing de contenido, marketing por correo electrónico y SEO. Esto proporcionará un enfoque más holístico y aumentará la probabilidad de convertir leads en clientes. Algunas formas de integrar las redes sociales con sus otras estrategias de marketing incluyen:

Compartir contenido de su blog: Cuando publique una nueva entrada en el blog, compártala en las redes sociales para aumentar su visibilidad y atraer más leads.

Incentivar la suscripción a boletines informativos: Utilice sus plataformas de redes sociales para promocionar su boletín informativo por correo electrónico e incentivar a los seguidores a suscribirse.

Colaborar con influenciadores: Trabaje con influenciadores de su sector para crear y compartir contenido en sus respectivas redes sociales. Esto ampliará el alcance de su contenido y ayudará a atraer nuevos leads.

Aprovechar el poder de los grupos y comunidades: Participe en grupos y comunidades en las redes sociales que sean relevantes para su sector y público objetivo. Comparta su conocimiento y establezca relaciones con otros miembros para generar leads.

Medición del éxito de sus campañas en redes sociales

Para garantizar que sus estrategias de redes sociales sean efectivas en la generación de leads de ventas, es importante medir y analizar su desempeño. Algunas métricas importantes a monitorear incluyen:

Compromiso: El compromiso del público con su contenido en las redes sociales, como Me gusta, comentarios y compartidos, es un buen indicador de interés y puede llevar a leads de ventas.

Conversiones: Haga un seguimiento de cuántos leads de redes sociales se convierten en clientes. Esto le ayudará a determinar la efectividad de sus campañas y ajustar sus estrategias según sea necesario.

Costo por lead: Calcule el costo de adquisición de cada lead generado a través de sus campañas de redes sociales. Esto le ayudará a determinar si sus estrategias son rentables e identificar áreas de mejora.

Retorno de inversión (ROI): Monitoree el ROI de sus campañas de redes sociales para asegurarse de que esté obteniendo un retorno positivo sobre su inversión en marketing.

Las redes sociales son una herramienta poderosa para generar leads de ventas y establecer relaciones con clientes potenciales.

Al elegir las plataformas adecuadas, segmentar su público, implementar estrategias específicas de generación de leads, integrar sus acciones de redes sociales con otras estrategias de marketing y medir el éxito de sus campañas, estará en el camino correcto para construir un departamento de ventas ganador.

No olvide siempre probar y ajustar sus enfoques para seguir mejorando sus resultados y alcanzar el éxito en sus ventas.

Estrategias para optimizar su sitio web para ventas

Su sitio web es una herramienta esencial para generar leads, construir relaciones con clientes y cerrar ventas. Por lo tanto, es fundamental que optimice su sitio web para garantizar que sea eficaz en la conversión de visitantes en clientes.

Diseño responsive

Un diseño responsive es crucial para garantizar que su sitio web sea accesible y funcione bien en todos los dispositivos, incluyendo computadoras de escritorio, tabletas y teléfonos inteligentes. Un sitio web responsive ajusta automáticamente su diseño y contenido en función del tamaño de pantalla del dispositivo, proporcionando una experiencia de usuario agradable y consistente. Esto es especialmente importante ya que cada vez más consumidores utilizan dispositivos móviles para buscar productos y servicios.

Navegación intuitiva

La navegación de su sitio web debe ser clara y fácil de usar, permitiendo que los visitantes encuentren rápidamente la información que buscan. Algunos consejos para mejorar la navegación de su sitio web incluyen:

-Organizar su contenido en categorías lógicas y jerárquicas

-Incluir un menú principal visible en todas las páginas;

-Ofercer una función de búsqueda para ayudar a los visitantes a encontrar información específica;

-Utilizar títulos y subtítulos claros para facilitar la lectura y comprensión.

Calls-to-action (CTAs) claros

Las calls-to-action son indicadores que alientan a los visitantes a realizar una acción específica, como suscribirse a su boletín informativo, descargar un libro electrónico o ponerse en contacto con su equipo de ventas.

CTAs eficaces son cruciales para convertir a los visitantes en leads y clientes. Algunos consejos para crear CTAs claros y eficaces incluyen:

-Utilizar colores contrastantes para que los CTAs se destaquen en el diseño de su sitio web;

-Elegir palabras de acción que incentiven a los visitantes a actuar (por ejemplo, "Descargar ahora", "Contáctanos" o "Comprar ahora");

-Colocar los CTAs en lugares estratégicos en todo su sitio web, como en el encabezado, al final de las publicaciones del blog y en las páginas de productos.

Contenido relevante y valioso

El contenido de su sitio web debe ser relevante y valioso para su público objetivo, abordando sus necesidades, desafíos e intereses. El contenido de calidad no solo atraerá visitantes a su sitio web, sino que también los ayudará a tomar decisiones informadas sobre sus productos o servicios. Además, un buen contenido puede mejorar su presencia en los motores de búsqueda y aumentar su visibilidad en línea. Algunos consejos para crear contenido relevante incluyen:

Publique regularmente publicaciones de blog que aborden temas de interés para su audiencia;

Cree páginas detalladas de productos que destaquen las características, beneficios y especificaciones de su producto;

Ofrezca recursos útiles, como libros electrónicos, whitepapers y videos, que agreguen valor y eduquen a su público.

Testimonios y casos de estudio: incluya testimonios de clientes satisfechos y casos de estudio exitosos para aumentar la credibilidad de su marca y demostrar el valor de sus productos o servicios.

Optimización para motores de búsqueda (SEO)

La optimización para motores de búsqueda (SEO) es esencial para asegurarse de que su sitio sea fácilmente encontrado por clientes potenciales. Algunas prácticas recomendadas de SEO incluyen:

Realizar investigaciones de palabras clave para identificar los términos más relevantes y populares para su audiencia;

Incorporar palabras clave de manera natural y estratégica en todo su contenido;

Optimizar elementos en la página, como títulos, descripciones meta y URLs;

Obtener backlinks de alta calidad de sitios respetables y relacionados con su industria;

Monitorear y analizar el tráfico de su sitio y ajustar sus estrategias de SEO según sea necesario.

Implementación de análisis y seguimiento de rendimiento

El seguimiento y análisis del rendimiento de su sitio es crucial para identificar áreas de mejora y asegurarse de que sus estrategias de optimización sean efectivas. Utilice herramientas analíticas como Google Analytics para medir métricas importantes como tráfico del sitio, tiempo promedio en la página, tasa de rebote y conversiones.

Esta información puede ayudarlo a comprender mejor el comportamiento de los visitantes y ajustar sus estrategias de optimización de ventas según sea necesario.

La optimización de su sitio para ventas es un proceso continuo que requiere atención a los detalles y la capacidad de adaptarse a los cambios en las preferencias del público y las tendencias del mercado.

Al implementar las estrategias mencionadas en este capítulo, estará en el camino correcto para transformar su sitio en una poderosa herramienta de ventas y garantizar el éxito de su departamento de ventas.

Recuerde monitorear continuamente el rendimiento de su sitio y ajustar sus estrategias según sea necesario para mantenerse actualizado y relevante para su público objetivo.

Cómo utilizar el correo electrónico para generar ventas

El marketing por correo electrónico es una herramienta poderosa y económica que puede ayudar a generar ventas y aumentar la retención de clientes. Permite conectar directamente con su base de clientes, construir relaciones y promocionar sus productos y servicios de manera efectiva.

Construya una lista de correo electrónico de calidad

El primer paso para el éxito del marketing por correo electrónico es construir una lista de correo electrónico de calidad, compuesta por clientes potenciales y existentes que han mostrado interés en su marca y productos. Algunas formas de construir una lista de correo electrónico incluyen:

Agregar un formulario de suscripción en su sitio web y blog.

Ofrecer un incentivo para suscribirse, como un descuento o un libro electrónico gratuito.

Recopilar direcciones de correo electrónico en eventos y ferias comerciales.

Integrar el registro de correo electrónico en sus procesos de venta y atención al cliente.

Recuerde que la calidad es más importante que la cantidad al construir su lista de correo electrónico. Es mejor tener una lista más pequeña de suscriptores comprometidos que una lista más grande de personas que no están interesadas en su contenido.

Cree campañas segmentadas

Para aumentar la efectividad de sus campañas de marketing por correo electrónico, es importante segmentar su lista de correos electrónicos en función de criterios específicos, como ubicación, historial de compras o intereses. Esto le permite personalizar su contenido y ofertas para satisfacer mejor las necesidades de cada segmento. Las campañas segmentadas suelen tener tasas de apertura y conversión más altas, ya que el contenido es más relevante y atractivo para el destinatario.

Desarrolle contenido relevante y valioso

El contenido de su marketing por correo electrónico debe ser relevante y valioso para sus suscriptores. Esto puede incluir información sobre nuevos productos, ofertas especiales, consejos útiles e historias de éxito de clientes. Un contenido de calidad ayudará a construir confianza y relaciones con su base de clientes, aumentando la probabilidad de que se conviertan en clientes fieles y realicen compras.

Use una línea de asunto atractiva

La línea de asunto es uno de los elementos más importantes de un correo electrónico de marketing, ya que es lo primero que ven los destinatarios. Una línea de asunto atractiva y relevante aumenta la probabilidad de que sus correos electrónicos sean abiertos y leídos. Algunos consejos para crear líneas de asunto eficaces incluyen:

Mantener las líneas de asunto cortas y directas al punto

Usar palabras y frases que despierten interés y curiosidad;

Personalizar la línea de asunto, incluyendo el nombre del destinatario, cuando sea apropiado;

Probar y optimizar sus campañas.

Para garantizar el éxito de sus campañas de correo electrónico de marketing, es importante probar y optimizar continuamente sus correos electrónicos y estrategias. Esto puede incluir pruebas A/B de diferentes líneas de asunto, diseños de correo electrónico, contenido y ofertas.

Monitorear y analizar los resultados de sus campañas, como las tasas de apertura, clics y conversiones, para identificar áreas de mejora y ajustar sus estrategias según sea necesario.

Establezca una frecuencia de envío adecuada

Encontrar la frecuencia ideal de envío de correos electrónicos es crucial para mantener el compromiso del suscriptor y evitar la cancelación de suscripciones. Enviar correos electrónicos con demasiada frecuencia puede llevar al agotamiento del suscriptor, mientras que el envío de correos electrónicos muy raramente puede hacer que su marca sea olvidada. Considere comenzar con una frecuencia mensual o quincenal y ajuste según sea necesario según los comentarios de los suscriptores y el rendimiento de la campaña.

Automatice correos electrónicos de seguimiento

La automatización del correo electrónico de marketing es una forma eficiente de mantener el compromiso del cliente y aumentar las ventas sin abrumar a su equipo de ventas. Utilice desencadenantes específicos, como acciones en el sitio o fechas importantes, para enviar correos electrónicos automatizados de seguimiento. Por ejemplo, puede enviar correos electrónicos de carro abandonado para recordar a los clientes que completen sus compras o correos electrónicos de cumpleaños con ofertas especiales para celebrar la ocasión.

Integre el correo electrónico de marketing con otras estrategias de ventas

El correo electrónico de marketing debe ser una parte integral de su estrategia de ventas general, trabajando en conjunto con otras tácticas, como las redes sociales, el SEO y el marketing de contenido. Esto ayudará a garantizar un enfoque holístico y coherente para llegar y convertir clientes potenciales.

El correo electrónico de marketing es una estrategia de ventas comprobada que puede generar resultados significativos cuando se implementa correctamente. Al seguir las prácticas recomendadas y las estrategias discutidas en este capítulo, estará en el camino correcto para crear campañas de correo electrónico de marketing exitosas y impulsar las ventas en su departamento de ventas.

Pruebe y ajuste continuamente sus campañas para garantizar que esté satisfaciendo las necesidades y preferencias de su base de clientes en evolución.

Desarrollando una estrategia de upsell y cross-sell

En un departamento de ventas exitoso, es fundamental maximizar los ingresos generados por cada cliente. Dos estrategias efectivas para lograr este objetivo son el upsell y el cross-sell. El upsell implica vender un producto o servicio de mayor valor al cliente, mientras que el cross-sell implica vender productos o servicios complementarios.

La importancia del upsell y el cross-sell

Maximizar el valor del cliente: el upsell y el cross-sell permiten extraer más valor de cada cliente, aumentando sus ingresos y mejorando el retorno de la inversión en adquisición de clientes.

Mejorar la retención de clientes: al ofrecer productos y servicios adicionales que satisfagan las necesidades y deseos de sus clientes, puede mejorar su satisfacción y lealtad, lo que lleva a una mayor retención de clientes.

Optimizar el uso de recursos: como ya tiene una relación con sus clientes existentes, el costo y el esfuerzo para venderles a través de upsell y cross-sell suelen ser menores que adquirir nuevos clientes.

Identificación de oportunidades de upsell y cross-sell

Analice su portafolio de productos y servicios: identifique qué productos o servicios se pueden agrupar o ofrecer como una oferta de mayor valor. Considere cómo los diferentes productos o servicios de su cartera pueden complementar o mejorar los demás.

Conozca a sus clientes: comprenda las necesidades, deseos y patrones de comportamiento de sus clientes. Esto le permitirá identificar oportunidades de upsell y cross-sell que sean relevantes y valiosas para ellos.

Monitoree el comportamiento del cliente: utilice datos de compra e interacciones con el cliente para identificar patrones y oportunidades para upsell y cross-sell. Por ejemplo, si un cliente compró un producto específico, ¿qué otros productos o servicios complementarios pueden interesarle?

Desarrollo de una estrategia de upsell y cross-sell

Defina objetivos claros: establezca objetivos específicos, medibles, alcanzables, relevantes y con plazo determinado (SMART) para sus iniciativas de upsell y cross-sell. Estos objetivos deben estar alineados con los objetivos generales de ventas y negocios de su organización.

Cree ofertas atractivas: desarrolle ofertas de upsell y cross-sell que sean atractivas y valiosas para sus clientes. Considere ofrecer descuentos, paquetes o ventajas exclusivas para incentivar a los clientes a aprovechar estas ofertas.

Capacite a su equipo de ventas: asegúrese de que su equipo de ventas comprenda la importancia del upsell y cross-sell y esté bien capacitado para identificar y aprovechar estas oportunidades. Proporcione la información y herramientas necesarias para presentar con éxito estas ofertas a los clientes.

Comuníquese de manera efectiva: Comunique sus ofertas de upsell y cross-sell a los clientes de manera clara y persuasiva. Utilice varios canales de comunicación, como correo electrónico, teléfono y redes sociales, para llegar a sus clientes y asegurarse de que estén conscientes de las ofertas disponibles.

Monitoree y ajuste su estrategia: Realice un seguimiento del desempeño de sus iniciativas de upsell y cross-sell y ajuste su estrategia según sea necesario. Analice las tasas de conversión, el valor promedio del pedido y la satisfacción del cliente para identificar áreas de mejora y optimizar su enfoque.

Ejemplos exitosos de upsell y cross-sell

Empresas de software: Las empresas de software suelen ofrecer diferentes niveles de sus productos o servicios, con características y precios variables. Pueden incentivar el upsell destacando los beneficios de un plan más avanzado, como más almacenamiento, características adicionales o soporte prioritario.

Comercio electrónico: Las tiendas en línea pueden utilizar el cross-sell al sugerir productos relacionados en función del historial de compras o las vistas del cliente. Por ejemplo, si un cliente está comprando una computadora portátil, la tienda puede sugerir un mouse, una mochila o un software antivirus como productos complementarios.

Empresas de telecomunicaciones: Los proveedores de servicios de telecomunicaciones pueden ofrecer upsells a través de planes de datos más grandes o servicios adicionales, como seguros para dispositivos o planes familiares. También pueden emplear cross-sell, ofreciendo accesorios como auriculares o fundas protectoras durante la compra de un teléfono inteligente.

Desarrollar una estrategia efectiva de upsell y cross-sell es una forma poderosa de maximizar el valor del cliente y impulsar el crecimiento de su organización.

Al identificar oportunidades, crear ofertas atractivas y comunicarlas de manera efectiva, su equipo de ventas puede aprovechar el potencial de upsell y cross-sell para aumentar los ingresos y fortalecer las relaciones con los clientes.

Recuerde monitorear y ajustar su estrategia según sea necesario para garantizar que siempre esté ofreciendo valor a sus clientes y alcanzando sus objetivos de ventas.

Cómo crear y mantener relaciones duraderas con los clientes

Un departamento de ventas ganador no solo atrae nuevos clientes, sino que también trabaja arduamente para mantener relaciones duraderas con los clientes existentes. Establecer y mantener estas relaciones sólidas es esencial para el éxito a largo plazo de su empresa. Después de todo, los clientes satisfechos son más propensos a hacer negocios repetidos y a recomendar su empresa a otras personas. Aquí exploraremos cómo crear y mantener relaciones duraderas con los clientes, utilizando técnicas modernas y un lenguaje fácil de entender.

En primer lugar, es importante entender que la base de cualquier relación duradera es la confianza. Cuando los clientes confían en su empresa, se sienten más cómodos para seguir haciendo negocios con usted. Para construir esta confianza, siga estos pasos:

Sea transparente: Siempre sea honesto y abierto con sus clientes sobre sus productos, servicios y precios. Cuando los clientes sienten que están recibiendo información clara y precisa, confían más en su empresa.

Cumpla sus promesas: Siempre entregue lo que prometió, ya sea un plazo de entrega, un nivel de calidad o un resultado específico.

Cuando los clientes perciben que usted es confiable, son más propensos a mantener una relación a largo plazo con su empresa.

Sea receptivo y accesible: Esté siempre disponible para responder a las preguntas y preocupaciones de sus clientes. Cuando los clientes sienten que pueden ponerse en contacto con su empresa y obtener respuestas rápidas, se sienten más seguros y confiados en su relación con usted.

Personalice la experiencia del cliente: Demuestre que realmente se preocupa por sus clientes, conociéndolos y personalizando sus interacciones con ellos. Esto puede incluir el uso del nombre del cliente, recordar sus preferencias o incluso enviar mensajes personalizados en ocasiones especiales.

Solicite comentarios y escuche a sus clientes: Muestre a los clientes que valora su opinión y está dispuesto a aprender de ellos. Solicite comentarios regularmente y utilice esta información para mejorar sus productos, servicios y procesos.

Resuelva problemas de manera eficiente: Cuando surjan problemas o conflictos, abórdelos de manera oportuna y profesional. Resolver los problemas rápidamente y de manera satisfactoria es esencial para mantener la confianza de los clientes.

Establezca conexiones emocionales: Las personas tienden a ser leales a las empresas que les brindan experiencias emocionales positivas. Para crear estas conexiones, haga que los clientes se sientan valorados, apreciados y comprendidos.

Para mantener relaciones duraderas con los clientes, es fundamental invertir en un servicio y soporte de calidad. Esto significa asegurarse de que su equipo esté bien capacitado y equipado para brindar la mejor experiencia posible a los clientes. Además, recuerde seguir mejorando sus productos y servicios, adaptándose a los cambios en las necesidades y expectativas de los clientes. De esta manera, demostrará su compromiso de proporcionar soluciones innovadoras y valiosas a sus clientes.

Otro aspecto importante en el mantenimiento de relaciones duraderas es la comunicación continua y efectiva. Mantenga contacto regular con sus clientes a través de correos electrónicos, boletines, redes sociales y otros canales de comunicación. Al compartir información relevante y útil, ayudará a mantener su empresa siempre presente en la mente de los clientes.

Reconozca y recompense la lealtad de los clientes. Esto puede incluir ofrecer descuentos exclusivos, programas de fidelidad o promociones especiales para clientes fieles. Estas recompensas no solo incentivan a los clientes a seguir haciendo negocios con su empresa, sino que también los hacen sentir valorados y apreciados.

No olvide celebrar los logros y hitos de los clientes. Reconozca sus logros y muestre que está genuinamente interesado en su éxito. Esto puede implicar enviar mensajes de felicitaciones por un ascenso, cumpleaños u otros logros importantes en la vida del cliente.

Por último, pero no menos importante, sea flexible y esté dispuesto a adaptarse a los cambios en las necesidades y preferencias de los clientes. El mundo de los negocios está en constante evolución y, para mantener relaciones duraderas, es fundamental seguir estos cambios y ajustar su enfoque en consecuencia.

Crear y mantener relaciones duraderas con los clientes requiere un enfoque centrado en el cliente, basado en la confianza, la comunicación efectiva y el soporte continuo. Al adoptar estas prácticas y esforzarse por brindar la mejor experiencia posible a los clientes, establecerá relaciones sólidas y duraderas que beneficiarán a su empresa a largo plazo.

Cómo manejar a clientes insatisfechos

Lidiar con clientes insatisfechos es un desafío inevitable en el mundo de las ventas. Sin embargo, es crucial abordar estas situaciones de manera efectiva y profesional, convirtiendo un momento negativo en una oportunidad de aprendizaje y crecimiento. En este capítulo, discutiremos cómo lidiar con clientes insatisfechos de manera productiva y constructiva, usando un lenguaje de fácil comprensión.

El primer paso para lidiar con un cliente insatisfecho es escuchar cuidadosamente sus preocupaciones. Permita que el cliente exprese sus frustraciones sin interrumpir o volverse defensivo. A menudo, los clientes solo quieren ser escuchados y sentir que sus preocupaciones son tomadas en serio. Muestre empatía y comprensión al escuchar, demostrando que se preocupa por el problema del cliente y está comprometido a encontrar una solución.

Después de comprender completamente el problema, asuma la responsabilidad por él, incluso si no es directamente responsable. Esto demuestra al cliente que su empresa está comprometida a resolver el problema y que no está tratando de pasar la culpa. Pida disculpas sinceramente y luego concéntrese en encontrar una solución que pueda remediar la situación.

Al trabajar para resolver el problema, es importante actuar de manera rápida y eficiente. Si el cliente está esperando mucho tiempo por una solución, puede volverse aún más insatisfecho y perder la confianza en su empresa. Informe al cliente sobre los próximos pasos y proporcione un plazo realista para la resolución del problema.

Mientras trabaja en la solución, mantenga al cliente informado sobre el progreso. La comunicación regular y transparente es fundamental para mantener la confianza del cliente y mostrar que está comprometido en resolver la situación. Si ocurren retrasos o cambios en el plan, informe al cliente lo antes posible.

Una vez que se ha resuelto el problema, haga un seguimiento con el cliente para asegurarse de que esté satisfecho con la solución. Esto demuestra su compromiso de garantizar la satisfacción del cliente y puede ayudar a restaurar la confianza en su empresa. Además, solicite comentarios sobre cómo se manejó la situación y utilice esta información para mejorar sus procesos y prevenir problemas futuros.

Finalmente, es crucial aprender de las experiencias de los clientes insatisfechos. Analice lo que salió mal e identifique cualquier área que pueda ser mejorada. Utilice estos conocimientos para ajustar sus prácticas y capacitación de equipo, asegurando que su empresa siempre esté evolucionando y mejorando.

Lidiar con clientes insatisfechos puede ser una experiencia desafiante, pero al enfrentar la situación de manera profesional y empática, es posible transformar un momento negativo en una oportunidad de aprendizaje y crecimiento. Adoptar un enfoque centrado en el cliente y trabajar para resolver problemas de manera eficiente y eficaz ayudará a garantizar la satisfacción del cliente y la fidelidad a largo plazo.

A lo largo de su carrera en ventas, es probable que se encuentre con una variedad de situaciones que involucren clientes insatisfechos. Por lo tanto, es esencial desarrollar habilidades sólidas de resolución de problemas y mejorar su capacidad para manejar el estrés y la presión de tales situaciones.

Una habilidad importante a desarrollar es la capacidad de mantener la calma y la compostura, incluso cuando se enfrenta a un cliente enojado o frustrado. Recuerde que, en la mayoría de los casos, la ira del cliente no está dirigida personalmente a usted, sino a la situación. Respire profundamente, mantenga un tono de voz tranquilo y profesional y recuerde que su objetivo principal es resolver el problema y restaurar la satisfacción del cliente.

Otra estrategia eficaz es establecer y mantener límites claros. Si bien es importante abordar las preocupaciones de los clientes y trabajar para encontrar una solución, también es crucial garantizar que no se le trate de manera irrespetuosa o abusiva. Si un cliente se vuelve agresivo o irrespetuoso, mantenga la calma e infórmele que está dispuesto a ayudar, pero que espera ser tratado con respeto. Establecer límites firmes y justos puede ayudar a mantener la situación bajo control y garantizar que se le trate con dignidad y profesionalismo.

También es útil tener un sistema de apoyo interno dentro de su organización. Esto puede incluir compañeros de equipo, supervisores o gerentes que puedan proporcionar orientación, apoyo y recursos adicionales para ayudar a resolver problemas complejos o desafiantes. No dude en buscar el apoyo y la ayuda de su equipo, ya que esto puede ser esencial para lidiar con clientes insatisfechos de manera efectiva.

Por último, recuerde que cada interacción con un cliente insatisfecho es una oportunidad de aprender y mejorar sus habilidades de ventas y atención al cliente. Analice cada situación cuidadosamente e identifique cualquier lección que se pueda aprender. Al hacerlo, estará constantemente mejorando sus habilidades y convirtiéndose en un profesional de ventas más efectivo y exitoso.

Al adoptar un enfoque empático y centrado en el cliente y utilizando habilidades de resolución de problemas efectivas, puede transformar interacciones desafiantes con clientes insatisfechos en experiencias de aprendizaje valiosas. Estas habilidades no solo ayudarán a garantizar la satisfacción y fidelidad del cliente, sino que también contribuirán a su crecimiento y éxito como profesional de ventas.

Cómo obtener comentarios de los clientes y usarlos para mejorar las ventas.

Obtener retroalimentación de los clientes es una parte vital del proceso de ventas, ya que te permite identificar áreas de mejora y ajustar tu enfoque para satisfacer las necesidades y expectativas del cliente de manera más efectiva.

En primer lugar, es importante crear un ambiente en el que los clientes se sientan cómodos compartiendo sus opiniones y retroalimentación. Esto se puede lograr demostrando empatía, haciendo preguntas abiertas y escuchando atentamente las respuestas de los clientes. Deja claro que valoras su opinión y estás dispuesto a actuar en base a sus sugerencias y preocupaciones.

Además, es esencial ser proactivo en la búsqueda de retroalimentación. No esperes a que los clientes se acerquen a ti con sus opiniones; en su lugar, toma la iniciativa de contactarlos y hacer preguntas específicas sobre su experiencia. Puedes hacerlo a través de encuestas de satisfacción, llamadas telefónicas o correos electrónicos.

Asegúrate de incluir preguntas que aborden diferentes aspectos del proceso de ventas, como atención al cliente, calidad del producto y eficacia de las comunicaciones de ventas.

Al recibir retroalimentación, es crucial abordarla con una mentalidad abierta y receptiva. Evita ponerte a la defensiva o justificar tus acciones, ya que esto puede desalentar al cliente a compartir sus opiniones en el futuro. En su lugar, agradece al cliente por su retroalimentación y asegura que harás lo posible por abordar sus preocupaciones.

Después de recolectar la retroalimentación, es importante analizarla e identificar patrones y tendencias. Esto te permitirá determinar qué áreas requieren mejoras y desarrollar estrategias específicas para abordar estos problemas. Por ejemplo, si varios clientes comentan que el proceso de pago en tu sitio web es confuso, esto puede indicar la necesidad de simplificar y mejorar la experiencia del usuario.

Finalmente, es fundamental actuar en base a la retroalimentación recibida. Esto puede incluir ajustar tu enfoque de ventas, mejorar la calidad de tus productos o servicios, o invertir en capacitación adicional para tu equipo. Al implementar cambios en base a la retroalimentación del cliente, demuestras que estás comprometido a proporcionar una experiencia excepcional y estás dispuesto a adaptarte a las necesidades y expectativas de tus clientes.

La retroalimentación de los clientes es una herramienta valiosa que puede ayudarte a identificar áreas de mejora y ajustar tu enfoque de ventas para satisfacer las necesidades de tus clientes. Al crear un ambiente receptivo, buscar retroalimentación de manera proactiva y actuar en base a la información recolectada, estarás mejor posicionado para optimizar tu proceso de ventas y lograr resultados cada vez mejores.

Además de las estrategias mencionadas anteriormente, existen otras formas de recopilar y utilizar la retroalimentación de los clientes para mejorar sus ventas y la experiencia del cliente. Veamos algunas de estas aproximaciones adicionales.

Monitoree las redes sociales: Las redes sociales son un excelente canal para seguir las conversaciones sobre su marca y productos. Preste atención a las discusiones y comentarios de los clientes para identificar áreas de mejora y oportunidades para mejorar su estrategia de ventas.

Realice entrevistas personales: Las entrevistas personales con los clientes pueden proporcionar información detallada sobre sus experiencias y percepciones. Dedique tiempo a conversar con los clientes, ya sea por teléfono o en persona, y pregunte sobre sus experiencias y cualquier sugerencia de mejora que puedan tener.

Organice grupos focales: Los grupos focales son reuniones con un número selecto de clientes para discutir aspectos específicos de sus productos o servicios. Estas sesiones pueden ayudarlo a obtener retroalimentación directa y detallada, permitiéndole hacer ajustes más informados en su estrategia de ventas.

Analice las métricas de desempeño: Siga de cerca las métricas de desempeño, como las tasas de conversión, el tiempo promedio de venta y la satisfacción del cliente. Esto ayudará a identificar áreas que necesitan mejoras y le permitirá ajustar su enfoque de ventas en consecuencia.

Implemente un sistema de retroalimentación continua: Establezca un proceso de recopilación y análisis de retroalimentación de los clientes en tiempo real. Esto le permitirá identificar rápidamente las áreas problemáticas y hacer ajustes en su estrategia de ventas según sea necesario.

Comparta la retroalimentación con su equipo: Asegúrese de compartir la retroalimentación de los clientes con su equipo de ventas y otras áreas relevantes de la empresa. Esto garantizará que todos estén al tanto de las expectativas de los clientes y trabajen juntos para abordar las áreas de preocupación.

Monitoree el progreso: Después de implementar cambios basados en la retroalimentación de los clientes, siga de cerca los resultados para asegurarse de que las mejoras estén teniendo efecto. Si es necesario, haga ajustes adicionales y continúe mejorando su estrategia de ventas.

Al incorporar estas aproximaciones adicionales en su estrategia de recopilación y uso de retroalimentación de los clientes, estará aún más preparado para tomar decisiones informadas que impulsen el éxito de sus ventas. Recuerde que la retroalimentación de los clientes es un recurso valioso y, cuando se utiliza correctamente, puede proporcionar información invaluable para mejorar sus ventas y la satisfacción del cliente.

El papel del servicio al cliente en el éxito de las ventas

Un excelente servicio al cliente no solo asegura que los clientes estén satisfechos con sus productos y servicios, sino que también construye relaciones duraderas, genera confianza y fidelidad, y puede conducir a ventas repetidas y referencias.

La importancia del servicio al cliente en las ventas

Satisfacción del cliente: un cliente satisfecho es más propenso a seguir haciendo negocios con su empresa y recomendar sus productos y servicios a otras personas. Asegurarse de que sus clientes estén satisfechos con su servicio al cliente puede ser un factor determinante para el éxito de las ventas.

Fidelidad a la marca: un buen servicio al cliente contribuye a construir la fidelidad a la marca. Cuando los clientes se sienten valorados y bien atendidos, tienden a seguir comprando a una empresa y, a su vez, aumentar el éxito de las ventas.

Publicidad boca a boca: los clientes satisfechos y leales son más propensos a compartir sus experiencias positivas con amigos, familiares y colegas, generando publicidad boca a boca. Esto puede llevar a nuevos clientes y ventas adicionales.

Reducción de quejas y devoluciones: un servicio al cliente eficiente puede ayudar a reducir las quejas y devoluciones de clientes insatisfechos. Al resolver problemas de manera rápida y efectiva, las empresas pueden mantener la satisfacción del cliente y minimizar el impacto negativo en las ventas.

Ventas adicionales y upselling: un buen servicio al cliente puede ayudar a identificar oportunidades de ventas adicionales y upselling, aumentando aún más las ventas. Cuando los clientes están satisfechos con el servicio que reciben, están más abiertos a explorar otras ofertas y productos de la empresa.

Estrategias para mejorar el servicio al cliente e impulsar las ventas

Entrene a su equipo: el equipo de servicio al cliente debe ser entrenado para escuchar atentamente a los clientes, entender sus preocupaciones y ofrecer soluciones efectivas. Invierta en capacitación continua para asegurarse de que su equipo esté siempre actualizado con las mejores prácticas de servicio al cliente.

Comunícate de forma clara y eficaz: La comunicación clara y eficaz es esencial para un buen servicio al cliente. Asegúrate de que tu equipo de atención al cliente comprenda los productos y servicios que ofrece tu empresa y pueda comunicar esta información de manera fácil y comprensible para los clientes.

Estar disponible para tus clientes: Ofrece múltiples canales de comunicación para tus clientes, como teléfono, correo electrónico, chat en vivo y redes sociales. Esto les permite contactar con tu empresa de manera conveniente y ayuda a garantizar que sus necesidades sean atendidas de manera oportuna.

Resolver problemas rápidamente: La rapidez en la resolución de problemas es esencial para un buen servicio al cliente. Establece procesos eficientes y eficaces para resolver problemas y responder a las preocupaciones de los clientes lo más rápido posible.

Personalizar el servicio: Un servicio personalizado ayuda a crear conexiones más fuertes con los clientes y aumenta la satisfacción del cliente. Anima a tu equipo de atención al cliente a usar el nombre del cliente durante las interacciones y a adaptar sus enfoques para satisfacer las necesidades específicas de cada cliente.

Monitorear y medir el desempeño del servicio al cliente: Implementa métricas e indicadores clave de desempeño (KPI) para medir la eficacia del servicio al cliente e identificar áreas de mejora. Analiza regularmente estos datos y ajusta tus estrategias de servicio al cliente según sea necesario para garantizar el éxito de las ventas.

Pedir comentarios de los clientes: Solicitar comentarios de los clientes puede ayudar a identificar áreas de mejora en el servicio al cliente y, a su vez, impulsar las ventas. Anima a los clientes a compartir sus experiencias y utiliza esta información para mejorar tu servicio al cliente y tus estrategias de ventas.

Crear una cultura centrada en el cliente: Para garantizar que el servicio al cliente sea una prioridad en tu empresa, crea una cultura centrada en el cliente. Esto implica fomentar la empatía, la responsabilidad y la comunicación abierta entre los empleados y garantizar que todos entiendan la importancia del servicio al cliente en el éxito de las ventas.

El servicio al cliente juega un papel fundamental en el éxito de las ventas y, cuando se implementa correctamente, puede llevar a un aumento significativo en la revenue y la lealtad del cliente.

Invierte tiempo y recursos en el entrenamiento de tu equipo de servicio al cliente, en la implementación de estrategias efectivas de servicio al cliente y en la creación de una cultura centrada en el cliente para garantizar que tu empresa tenga éxito en el competitivo mundo de las ventas.

Cómo desarrollar una cultura de ventas en la empresa

La cultura de ventas es un conjunto de valores, creencias, comportamientos y prácticas compartidas que moldean la forma en que una empresa aborda las ventas y las interacciones con los clientes. Una cultura de ventas fuerte y positiva puede ser una ventaja competitiva y contribuir significativamente al éxito de la empresa.

Defina valores y objetivos claros

El primer paso para desarrollar una cultura de ventas es establecer valores y objetivos claros para la empresa y su equipo de ventas. Estos valores y objetivos deben estar centrados en el cliente y reflejar la misión y visión de la empresa. Además, es esencial comunicar estos valores y objetivos a todos los empleados y asegurarse de que estén alineados con la estrategia general de la empresa.

Establezca procesos y sistemas eficientes

Una cultura de ventas exitosa requiere procesos y sistemas eficientes que permitan al equipo de ventas alcanzar sus objetivos y maximizar su rendimiento. Esto puede incluir la implementación de un CRM efectivo, el establecimiento de un proceso de ventas estandarizado y la creación de un sistema de métricas e indicadores clave de desempeño (KPI) para evaluar el progreso.

Invierta en el desarrollo y capacitación del equipo de ventas

El éxito de una cultura de ventas depende en gran medida de las habilidades y competencias del equipo de ventas. Por lo tanto, es fundamental invertir en el desarrollo y capacitación continua de los empleados, asegurando que tengan las habilidades necesarias para desempeñar sus tareas con eficiencia y eficacia. Además, la capacitación regular también puede ayudar a mantener a los empleados motivados y comprometidos.

Fomente la colaboración y la comunicación entre los equipos

Una cultura de ventas sólida se basa en la colaboración y la comunicación efectiva entre los equipos y los departamentos de la empresa. Esto puede incluir la creación de una comunicación abierta y transparente entre los equipos de ventas y marketing, la promoción de actividades de construcción de equipos y la creación de un ambiente de trabajo inclusivo y acogedor.

Celebre los logros y aprenda de los fracasos

Para desarrollar una cultura de ventas exitosa, es importante reconocer y celebrar los logros del equipo de ventas y los empleados individuales. Esto puede incluir la creación de programas de reconocimiento y recompensa, así como la promoción de eventos y celebraciones para conmemorar el éxito. Además, es importante aprender de los fracasos e identificar áreas de mejora para garantizar el crecimiento continuo de la empresa y el equipo de ventas.

Promueva la responsabilidad y la autodisciplina

Una cultura de ventas efectiva requiere responsabilidad y autodisciplina por parte de todos los empleados. Es fundamental que cada miembro del equipo entienda su papel y responsabilidades, y esté comprometido a cumplir sus metas y objetivos. Para promover la responsabilidad y la autodisciplina, los líderes de la empresa deben establecer expectativas claras, proporcionar retroalimentación regular y constructiva y ofrecer apoyo para que los empleados puedan superar los desafíos y alcanzar sus objetivos.

Mantén el enfoque en el cliente

Una cultura de ventas sólida siempre se centra en el cliente. Esto significa que todas las decisiones, estrategias y acciones deben tomarse teniendo en cuenta las necesidades y deseos de los clientes. Para asegurarse de que se mantenga el enfoque en el cliente, es importante escuchar activamente los comentarios de los clientes, adaptarse a los cambios en el mercado y asegurarse de que los productos y servicios ofrecidos cumplan con las expectativas del público objetivo.

Fomenta la innovación y la creatividad

La innovación y la creatividad son cruciales para mantener la competitividad y el éxito en un mercado en constante cambio. Una cultura de ventas exitosa debe alentar a los empleados a pensar de manera creativa y a proponer nuevas ideas y soluciones para mejorar la eficiencia y efectividad de las ventas. Esto puede lograrse promoviendo un ambiente de trabajo abierto e inclusivo, donde los empleados se sientan cómodos compartiendo sus ideas y recibiendo retroalimentación.

Monitorea y ajusta la cultura de ventas regularmente

Desarrollar una cultura de ventas sólida es un proceso continuo que requiere monitoreo y ajustes regulares. Es esencial evaluar periódicamente la eficacia de la cultura de ventas e identificar áreas de mejora. Esto se puede hacer a través del análisis de métricas de desempeño, realización de encuestas internas y retroalimentación de los empleados, y seguimiento de las tendencias del sector.

Desarrollar una cultura de ventas en la empresa es un proceso complejo y continuo que requiere compromiso, esfuerzo y adaptabilidad. Sin embargo, siguiendo los pasos descritos en este capítulo y asegurándose de que todos los empleados estén alineados con los valores, objetivos y expectativas de la empresa, es posible crear una cultura de ventas sólida y exitosa que impulse el crecimiento y la prosperidad de la empresa a largo plazo.

Estableciendo objetivos y metas para el equipo de ventas.

Los objetivos bien definidos proporcionan una sensación de dirección y propósito, ayudan a mantener la motivación y el compromiso de los miembros del equipo, y sirven como indicador de desempeño para evaluar el éxito de las estrategias de ventas. En este capítulo, abordaremos los pasos para establecer objetivos y metas efectivas para el equipo de ventas y cómo garantizar que estos objetivos sean alcanzados.

Definir objetivos claros y específicos

El primer paso para establecer objetivos y metas efectivas es definir claramente lo que se espera alcanzar. Esto significa ser específico acerca de lo que el equipo de ventas debe lograr, ya sea aumentar los ingresos, mejorar la retención de clientes o expandir la participación en el mercado.

Los objetivos específicos ayudan al equipo a entender exactamente lo que se espera de ellos y a desarrollar estrategias efectivas para alcanzar esas metas.

Establecer metas SMART

Al definir metas para el equipo de ventas, es importante que sean SMART: específicas, medibles, alcanzables, relevantes y con un plazo determinado.

Las metas SMART garantizan que los objetivos sean realistas, puedan ser monitoreados y medidos, y que el equipo tenga una comprensión clara del tiempo necesario para alcanzarlos.

Alinear objetivos con la estrategia general de la empresa

Los objetivos y metas del equipo de ventas deben estar alineados con la estrategia general y los objetivos de la empresa. Esto garantizará que el equipo de ventas trabaje en sinergia con otras áreas de la organización, creando un ambiente colaborativo que impulsa el éxito general del negocio.

Involucrar al equipo en el proceso de definición de metas

Para garantizar el compromiso y el compromiso del equipo de ventas, es importante involucrarlos en el proceso de definición de metas. Esto permite que los miembros del equipo brinden comentarios, compartan sus preocupaciones y sugerencias, y se sientan responsables del éxito del grupo.

Involucrar al equipo en el proceso de definición de metas también aumenta la probabilidad de que las metas sean realistas y alcanzables.

Establecer metas individuales y colectivas

Es fundamental establecer metas individuales y colectivas para el equipo de ventas. Las metas individuales garantizan que cada miembro del equipo sea responsable de su propio desempeño, mientras que las metas colectivas promueven la colaboración y el trabajo en equipo.

Además, el equilibrio entre las metas individuales y colectivas puede motivar a los miembros del equipo a esforzarse por alcanzar sus objetivos personales, así como a contribuir al éxito general del equipo.

Monitore y evalúe el progreso regularmente

Para garantizar que el equipo de ventas esté en el buen camino para alcanzar sus objetivos y metas, es crucial monitorear y evaluar regularmente el progreso. Esto se puede hacer a través de análisis semanales, mensuales o trimestrales, dependiendo de las necesidades específicas de la empresa y del equipo de ventas. Monitorear el progreso permite identificar rápidamente áreas de mejora y ajustar las estrategias de ventas según sea necesario.

Proporcione retroalimentación constructiva y reconocimiento

Al evaluar el desempeño del equipo de ventas, es importante proporcionar retroalimentación constructiva y reconocer los esfuerzos de los miembros del equipo. Esto incluye elogiar los logros individuales y colectivos e identificar áreas en las que se pueden hacer mejoras. La retroalimentación constructiva y el reconocimiento ayudan a mantener la moral y la motivación del equipo alta, alentando a los miembros del equipo a seguir esforzándose por alcanzar sus objetivos.

Ajuste las metas según sea necesario

Con el tiempo, las condiciones del mercado, los objetivos de la empresa y las necesidades del equipo de ventas pueden cambiar. Por lo tanto, es importante ser flexible y ajustar las metas según sea necesario. Si una meta se vuelve irrelevante o inalcanzable, ajústela para reflejar las nuevas circunstancias y asegurarse de que el equipo de ventas siga trabajando hacia objetivos significativos y alcanzables.

Fomente una cultura de aprendizaje continuo

Alentar al equipo de ventas a buscar el desarrollo personal y profesional es esencial para mantener la motivación y mejorar continuamente el desempeño. Esto puede incluir la promoción de capacitaciones, talleres y eventos relevantes para mejorar habilidades y conocimientos, así como la creación de un ambiente de trabajo que apoye el intercambio de ideas y experiencias entre los miembros del equipo.

Celebre el éxito

Al alcanzar metas y objetivos, es importante celebrar el éxito del equipo de ventas. Esto se puede hacer a través de eventos de celebración, premios y reconocimiento público. Celebrar el éxito del equipo de ventas ayuda a reforzar la importancia de trabajar hacia metas y a mantener alta la motivación del equipo.

Establecer objetivos y metas efectivas para el equipo de ventas es fundamental para garantizar el éxito a largo plazo del departamento y de la empresa en su conjunto. Siguiendo los pasos descritos en este capítulo, puede crear un ambiente de trabajo productivo y motivador que incentive al equipo de ventas a alcanzar su máximo potencial y a contribuir significativamente al éxito general del negocio.

Cómo motivar al equipo de ventas para el éxito.

Motivar a un equipo de ventas es fundamental para garantizar su éxito. La motivación es la fuerza que impulsa a los vendedores a alcanzar sus objetivos, superar desafíos y lograr un rendimiento excepcional. En este capítulo, discutiremos varias estrategias para inspirar y motivar a su equipo de ventas hacia el éxito.

La comunicación abierta y transparente es la base de un equipo de ventas motivado. Fomente el diálogo abierto entre los miembros del equipo y el liderazgo, y asegúrese de que todos estén conscientes de los objetivos y expectativas de la empresa.

Al mantener canales de comunicación abiertos, creará un ambiente de trabajo en el que todos se sientan respaldados y alentados a dar lo mejor de sí mismos.

Es crucial establecer metas claras y alcanzables para el equipo de ventas. Las metas deben ser específicas, medibles, relevantes y con un plazo límite, para que los vendedores sepan exactamente qué se espera de ellos y puedan realizar un seguimiento de su progreso.

Celebrar los logros y hitos alcanzados es una forma efectiva de mantener la motivación en alto.

La capacitación del equipo es otra estrategia poderosa para aumentar la motivación. Cuando los vendedores se sienten capacitados y confiados en sus habilidades, son más propensos a asumir la responsabilidad de su éxito y buscar oportunidades de crecimiento.

Invertir en el desarrollo profesional de su equipo de ventas, ofreciendo capacitación y recursos, puede contribuir significativamente a aumentar la motivación y mejorar el rendimiento general.

El reconocimiento del rendimiento y los esfuerzos de los miembros del equipo es esencial para mantener su motivación. Muestre su aprecio por el arduo trabajo y los logros de cada vendedor, ya sea a través de elogios verbales, premios o incentivos financieros.

Crear un sistema de recompensas y reconocimiento puede ser una forma efectiva de mantener al equipo de ventas comprometido y motivado.

Fomentar un ambiente de trabajo positivo y colaborativo también es fundamental para la motivación del equipo de ventas. Fomente el trabajo en equipo y la colaboración, y ayude a construir relaciones sólidas entre los miembros del equipo. Esto creará un ambiente donde los vendedores se sientan respaldados y alentados a alcanzar sus objetivos.

Por último, pero no menos importante, es fundamental liderar con el ejemplo. Un líder de ventas inspirador y motivado tendrá un impacto significativo en la motivación de su equipo.

Al demostrar pasión, energía y entusiasmo en su trabajo, transmitirá esa actitud positiva a su equipo y los inspirará a esforzarse al máximo.

Motivar al equipo de ventas para el éxito implica la implementación de varias estrategias, desde la comunicación abierta y transparente hasta la inversión en desarrollo profesional y la promoción de un ambiente de trabajo positivo. Al poner en práctica estas aproximaciones, creará un equipo de ventas motivado, comprometido y exitoso.

Además de las estrategias mencionadas anteriormente, existen otras acciones que puede adoptar para mantener a su equipo de ventas motivado y comprometido con el éxito.

La flexibilidad es un aspecto importante en la motivación del equipo de ventas. Permitir que los vendedores tengan cierto grado de autonomía en la toma de decisiones y en la manera en que gestionan su tiempo puede aumentar la satisfacción en el trabajo y mejorar el desempeño.

La flexibilidad también puede extenderse a los horarios de trabajo y políticas de teletrabajo, ayudando a los miembros del equipo a equilibrar sus responsabilidades profesionales y personales.

Establecer un sentido de propósito compartido es otra forma poderosa de motivar a su equipo de ventas. Al comunicar claramente la visión y la misión de la empresa, ayuda a los vendedores a entender cómo su trabajo contribuye al éxito general de la organización.

Cuando los miembros del equipo de ventas se sienten conectados a un propósito mayor, son más propensos a esforzarse y a trabajar duro para alcanzar sus objetivos.

Fomentar la competitividad saludable entre los miembros del equipo puede ser una estrategia eficaz para aumentar la motivación. La competencia, cuando se lleva a cabo de forma positiva y constructiva, puede incentivar a los vendedores a esforzarse al máximo y a superar sus límites. Para garantizar que la competitividad no se vuelva destructiva, es importante reconocer el esfuerzo y el desempeño de todos los miembros del equipo y promover la colaboración y el apoyo mutuo.

Otra forma de motivar a su equipo de ventas es proporcionar oportunidades de avance en la carrera. Los vendedores que ven posibilidades de crecimiento y desarrollo dentro de la empresa tienden a sentirse más comprometidos y comprometidos con su trabajo.

Establezca un plan de carrera claro para los miembros del equipo e invítelos a buscar oportunidades de crecimiento y promoción.

Además, es esencial prestar atención al bienestar emocional y mental de su equipo de ventas. El trabajo en ventas puede ser estresante y desgastante, y es crucial ofrecer apoyo y recursos para ayudar a los vendedores a manejar el estrés y la presión del trabajo.

Esto puede incluir acceso a programas de bienestar y salud mental, así como la creación de un ambiente de trabajo que valore el equilibrio entre vida profesional y personal.

En resumen, al combinar todas estas estrategias, puede crear un ambiente de trabajo que inspire, motive y comprometa a su equipo de ventas, llevando a un mayor éxito y satisfacción en el trabajo.

Recuerde que la motivación es un proceso continuo y requiere esfuerzo constante y atención para garantizar que su equipo de ventas continúe prosperando y obteniendo excelentes resultados.

Cómo lidiar con la presión y el estrés en ventas

Lidiar con la presión y el estrés es una parte inevitable de la vida profesional, especialmente en un entorno de ventas altamente competitivo y orientado a resultados. Sin embargo, es crucial aprender a manejar el estrés y la presión de manera efectiva para garantizar el éxito y el bienestar a largo plazo, tanto profesional como personalmente.

Lo primero que hay que entender es que el estrés no es necesariamente algo malo. Una cierta cantidad de estrés puede ser beneficiosa, ayudando a mantener la motivación, la energía y el enfoque necesarios para lograr objetivos. Sin embargo, cuando el estrés se vuelve excesivo o crónico, puede tener efectos perjudiciales en la salud física y mental, así como en el desempeño laboral.

Para manejar eficazmente la presión y el estrés en ventas, es importante adoptar un enfoque multifacético que incluya la gestión del tiempo, el establecimiento de límites, el desarrollo de habilidades de afrontamiento saludables y la creación de un entorno laboral equilibrado y de apoyo.

La gestión del tiempo es una habilidad esencial para lidiar con la presión y el estrés en ventas. Esto incluye priorizar tareas, establecer metas realistas y crear una rutina diaria equilibrada que permita suficiente tiempo para el trabajo y actividades personales. Al planificar su día de manera eficiente y productiva, puede asegurarse de estar utilizando su tiempo de la mejor manera posible y reducir la sensación de sobrecarga y presión.

Establecer límites claros es otra estrategia eficaz para lidiar con la presión y el estrés en ventas. Esto puede incluir límites relacionados con el tiempo de trabajo, las expectativas de disponibilidad y las responsabilidades profesionales y personales. Al establecer límites, puede crear un equilibrio más saludable entre el trabajo y la vida personal, lo que, a su vez, puede ayudar a reducir el estrés.

Desarrollar habilidades de afrontamiento saludables es fundamental para lidiar con la presión y el estrés en ventas. Esto puede incluir técnicas de relajación, como meditación, respiración profunda y ejercicios de visualización, así como actividades que ayudan a aliviar el estrés, como hacer ejercicio físico, pasar tiempo con amigos y familiares o participar en pasatiempos y actividades de ocio.

Por último, crear un entorno laboral equilibrado y de apoyo puede tener un impacto significativo en la capacidad de lidiar con la presión y el estrés en ventas. Esto puede incluir el fomento del trabajo en equipo y la colaboración, la promoción de una cultura de comunicación abierta y honesta y la provisión de recursos y apoyo para ayudar a los miembros del equipo a manejar el estrés y la presión de manera efectiva.

La presión y el estrés en ventas son una parte inevitable del trabajo, pero adoptar estrategias efectivas de manejo del estrés puede ayudar a garantizar el éxito y el bienestar a largo plazo. Al gestionar el tiempo, establecer límites, desarrollar habilidades de afrontamiento saludables y crear un entorno de trabajo de apoyo, puede crear un equipo de ventas resiliente y exitoso.

Además, es importante practicar la autocompasión y la empatía hacia uno mismo y los compañeros de trabajo. Reconocer que la presión y el estrés son parte del proceso y que todos tienen momentos difíciles puede ayudar a construir un ambiente más comprensivo y solidario.

Otra estrategia útil es establecer momentos regulares de relajación y diversión con el equipo. Esto puede incluir actividades como almuerzos en equipo, celebraciones de logros y eventos fuera del lugar de trabajo.

Estos momentos ayudan a crear un vínculo entre los miembros del equipo y proporcionan oportunidades para compartir experiencias y desahogarse sobre las dificultades que enfrentan en el trabajo.

También es crucial mantener una perspectiva positiva y centrarse en los aspectos gratificantes del trabajo en ventas. Celebrar las pequeñas victorias y reconocer los esfuerzos de los miembros del equipo puede tener un impacto significativo en la motivación y el bienestar general. Además, fomentar la mentalidad de crecimiento puede ayudar al equipo a abordar los desafíos y el estrés de manera más adaptable y resiliente.

Invertir en capacitación y desarrollo profesional también es una forma efectiva de reducir el estrés y la presión en ventas. Al ofrecer oportunidades para que los miembros del equipo mejoren sus habilidades y conocimientos, puede ayudarles a sentirse más seguros y preparados para enfrentar los desafíos del trabajo.

Por último, recuerde que el autocuidado es fundamental para manejar el estrés y la presión en ventas. Asegurarse de que usted y su equipo estén cuidando su salud física, mental y emocional es esencial para mantener un ambiente de trabajo saludable y productivo.

En conclusión, manejar la presión y el estrés en ventas es un desafío inevitable, pero al implementar estas estrategias y cultivar una cultura de apoyo, es posible crear un equipo de ventas exitoso, resistente y satisfecho.

El papel del coaching en las ventas

El coaching en ventas es una práctica poderosa que puede transformar el desempeño de un equipo de ventas, llevando a resultados mejores y más consistentes. En este capítulo, exploraremos el papel del coaching en ventas y cómo puede ayudar a crear un equipo de ventas ganador.

El coaching es un proceso colaborativo en el que un coach experimentado trabaja con un vendedor para ayudarlo a desarrollar habilidades, mejorar su desempeño y alcanzar sus metas de ventas. Este proceso implica una combinación de orientación, retroalimentación, aprendizaje y práctica, lo que permite que los vendedores superen desafíos y maximicen su potencial.

Uno de los principales beneficios del coaching en ventas es la mejora continua. Al trabajar regularmente con un coach, los vendedores tienen la oportunidad de reflexionar sobre su desempeño, identificar áreas de mejora y desarrollar estrategias para superar obstáculos. El coaching también ayuda a crear una cultura de aprendizaje y desarrollo en el equipo de ventas, fomentando la búsqueda constante de crecimiento y perfeccionamiento.

Además, el coaching en ventas puede ayudar a desarrollar habilidades de comunicación y relaciones interpersonales de los vendedores. Estas habilidades son fundamentales para crear conexiones significativas con los clientes y cerrar ventas con éxito. El coach puede ayudar a los vendedores a mejorar su capacidad de escuchar, hacer preguntas efectivas y adaptar su enfoque de ventas para satisfacer las necesidades y expectativas del cliente.

El coaching también puede tener un impacto significativo en la motivación y el compromiso de los vendedores. Al recibir apoyo y orientación dirigidos, los vendedores se sienten más seguros en sus habilidades y se les alienta a esforzarse para alcanzar sus objetivos. El proceso de coaching también ayuda a crear responsabilidad, asegurando que los vendedores se mantengan enfocados en sus metas y en el éxito general del equipo.

Para implementar el coaching en ventas con éxito, es importante seguir algunas prácticas recomendadas:

Seleccione un coach calificado y experimentado: un coach efectivo debe tener experiencia en ventas y conocimiento de las técnicas y estrategias más recientes. También debe ser un excelente comunicador y poseer habilidades de liderazgo y empatía.

Establezca metas claras y medibles: las metas de coaching deben ser específicas, medibles, alcanzables, relevantes y limitadas en el tiempo (SMART). Esto ayudará a garantizar que el proceso de coaching sea enfocado y efectivo.

Cree un ambiente de confianza y apoyo: el coaching en ventas solo puede tener éxito si los vendedores se sienten cómodos compartiendo sus desafíos y preocupaciones. Cree un ambiente en el que los vendedores se sientan apoyados y alentados a buscar el crecimiento y el desarrollo.

Monitore el progreso y ajuste según sea necesario: El coaching en ventas es un proceso continuo que requiere seguimiento y ajustes regulares. Asegúrese de seguir el progreso de los vendedores y ajustar sus estrategias de coaching según sea necesario para garantizar resultados efectivos.

En resumen, el coaching en ventas desempeña un papel fundamental en la construcción de un equipo de ventas ganador. Al invertir en el desarrollo de habilidades, motivación y desempeño de los vendedores, estará preparando a su equipo para enfrentar los desafíos del mercado y lograr resultados excepcionales.

Al incorporar el coaching en ventas como parte integral de la estrategia de ventas de su empresa, estará contribuyendo a la creación de una cultura de aprendizaje y desarrollo continuo. Esto no solo ayudará al equipo de ventas a destacar, sino que también garantizará que la empresa en su conjunto esté constantemente evolucionando y adaptándose a los cambios del mercado.

Por último, es esencial recordar que el coaching en ventas es una inversión a largo plazo que traerá beneficios duraderos para el equipo de ventas y para la empresa. Por lo tanto, es fundamental que esté comprometido con la implementación y mantenimiento de un programa de coaching efectivo, asegurando que su equipo de ventas pueda alcanzar su máximo potencial y impulsar el éxito de la empresa.

Ahora que comprende el papel crucial del coaching en ventas en la construcción de un equipo de ventas ganador, es hora de comenzar a planificar e implementar un programa de coaching que satisfaga las necesidades específicas de su equipo. Recuerde que el éxito en ventas no ocurre de la noche a la mañana, sino a través de un compromiso continuo con el crecimiento, desarrollo y aprendizaje. Con dedicación y esfuerzo, puede crear un equipo de ventas de alto rendimiento que lleve a su empresa al éxito.

Cómo desarrollar la inteligencia emocional en el equipo de ventas

La inteligencia emocional (IE) es la capacidad de reconocer, entender y gestionar las propias emociones y las emociones de los demás. En el contexto de ventas, la IE es una habilidad esencial para construir relaciones sólidas con los clientes, manejar el estrés y la presión y trabajar eficazmente en equipo.

La importancia de la inteligencia emocional en ventas

La inteligencia emocional es un factor crítico en el éxito de las ventas por varias razones:

Construcción de relaciones: La capacidad de comprender y conectarse emocionalmente con los clientes es fundamental para establecer la confianza y construir relaciones duraderas.

Resolución de conflictos: Manejar objeciones y conflictos es una parte común del proceso de ventas. La IE ayuda a los vendedores a mantener la calma y abordar estas situaciones de manera productiva.

Trabajo en equipo: La inteligencia emocional es esencial para la colaboración efectiva dentro del equipo de ventas y entre departamentos.

Gestión del estrés: La IE permite que los vendedores manejen mejor la presión y el estrés asociados con el trabajo en ventas, mejorando su bienestar general y su desempeño en el trabajo.

Consejos para desarrollar la inteligencia emocional en el equipo de ventas

Autoconciencia: Anime a los miembros del equipo a reflexionar sobre sus propias emociones y reacciones en diferentes situaciones de ventas. La autoconciencia es el primer paso para el desarrollo de la IE.

Empatía: Anime a los vendedores a ponerse en el lugar de los clientes y considerar sus necesidades, preocupaciones y emociones. La empatía es la base para construir relaciones sólidas y generar confianza.

Comunicación efectiva: Promueva la importancia de la escucha activa y la comunicación no violenta. Esto ayudará a los miembros del equipo a comprender y expresar sus propias emociones y responder adecuadamente a las emociones de los clientes.

Gestión de emociones: Enseñe a los vendedores a reconocer y controlar sus emociones en situaciones de alta presión. Las técnicas de gestión del estrés, como la respiración profunda, la meditación y las pausas programadas, pueden ser útiles.

Desarrollo de habilidades sociales: Promueva actividades y capacitaciones que ayuden al equipo a desarrollar habilidades sociales, como trabajo en equipo, resolución de conflictos y liderazgo.

Implementando un programa de desarrollo de la inteligencia emocional

Para desarrollar la inteligencia emocional en el equipo de ventas, considere implementar un programa de desarrollo que incluya los siguientes componentes:

Evaluación: Evalúe el nivel actual de inteligencia emocional de los miembros del equipo a través de cuestionarios, entrevistas o evaluaciones profesionales.

Capacitación: Invierta en capacitación y talleres específicos para el desarrollo de habilidades relacionadas con la inteligencia emocional, como comunicación efectiva, empatía y manejo de emociones.

Feedback: Proporcione retroalimentación regular a los miembros del equipo sobre sus habilidades emocionales y sugiera áreas para mejorar. Esto puede incluir sesiones de coaching, revisiones de desempeño o discusiones en grupo.

Práctica: Anime a los vendedores a practicar activamente habilidades de inteligencia emocional en su día a día. Esto se puede hacer a través de ejercicios en grupo, simulaciones de situaciones o simplemente prestando más atención a sus propias emociones y las de los demás.

Monitoreo y seguimiento: Siga el progreso de los miembros del equipo en el desarrollo de su inteligencia emocional y celebre las mejoras. Si es necesario, ajuste el programa de desarrollo para satisfacer las necesidades individuales y los desafíos que enfrentan.

Desarrollar la inteligencia emocional en el equipo de ventas es fundamental para el éxito a largo plazo. Al invertir en el desarrollo de estas habilidades, estará creando un equipo más resistente, colaborativo y efectivo, capaz de conectarse mejor con los clientes y generar resultados superiores.

La inteligencia emocional es una habilidad valiosa que beneficia no solo la vida profesional, sino también la vida personal de los miembros del equipo, contribuyendo a su bienestar general y satisfacción en el trabajo.

¿Qué es SPIN Selling y cómo aplicarlo?

El SPIN Selling es una metodología de ventas desarrollada por Neil Rackham en su libro "SPIN Selling", publicado en 1988. La sigla SPIN se refiere a una serie de preguntas que los vendedores deben hacer a los clientes potenciales para identificar sus necesidades y presentar soluciones personalizadas. El método se basa en las siguientes categorías de preguntas: Situación, Problema, Implicación y Necesidad de Solución.

Este capítulo explorará la metodología SPIN Selling en detalle y proporcionará orientación sobre cómo aplicarla en su proceso de ventas para mejorar la conexión con los clientes y aumentar las posibilidades de éxito.

Comprendiendo el SPIN Selling

El SPIN Selling es un método de venta consultiva que se enfoca en comprender las necesidades del cliente y presentar soluciones personalizadas que resuelvan sus problemas. La metodología consiste en hacer cuatro tipos de preguntas:

Situación: Estas preguntas ayudan a obtener información básica sobre el cliente y su contexto. El objetivo es entender el ambiente en el que el cliente opera y cuáles desafíos puede enfrentar.

Ejemplos de preguntas de situación:

¿Cuál es el tamaño de su empresa?

¿Cuáles son los principales productos o servicios que ofrece?

¿Quiénes son sus principales competidores?

Problema: Las preguntas de problema tienen como objetivo identificar las dificultades y los desafíos enfrentados por el cliente. El vendedor debe intentar comprender qué problemas el cliente está tratando de resolver y cómo esto afecta su negocio.

Ejemplos de preguntas de problema:

¿Qué dificultades está enfrentando en su operación actualmente?

¿Está satisfecho con el desempeño de su producto o servicio actual?

¿Qué tipo de problemas enfrentan sus clientes?

Implicación: Estas preguntas exploran las consecuencias de los problemas identificados, permitiendo que el vendedor demuestre la urgencia de resolver las cuestiones y cómo esto afecta al cliente.

Ejemplos de preguntas de implicación:

¿Cómo afecta este problema su rentabilidad?

Si este problema no se resuelve, ¿cómo impactará su reputación en el mercado?

¿Cuáles son las posibles consecuencias a largo plazo si esta situación persiste?

Necesidad de solución: Las preguntas de necesidad de solución ayudan al cliente a darse cuenta de la importancia de encontrar una solución a sus problemas y visualizar cómo la oferta del vendedor puede ser beneficiosa.

Ejemplos de preguntas de necesidad de solución:

¿Qué tipo de solución cree que sería más efectiva para resolver este problema?

Si pudiéramos proporcionar una solución que satisfaga sus necesidades, ¿cómo beneficiaría a su empresa?

¿Cuál es el valor para usted y su empresa si podemos resolver este problema?

Aplicando SPIN Selling en su proceso de ventas

Ahora que entiende la metodología de SPIN Selling, es hora de aplicarla en su proceso de ventas. Aquí hay algunos pasos para implementar con éxito SPIN Selling:

Preparación: Antes de ingresar a una reunión de ventas, prepárese investigando al cliente y su negocio.

Haga preguntas abiertas: Al iniciar la conversación con el cliente, haga preguntas abiertas para estimular la discusión y facilitar la identificación de sus necesidades. Esto le permitirá adaptar su enfoque y ofrecer una solución más personalizada.

Escuche atentamente: Durante la conversación, escuche atentamente al cliente y tome nota de información relevante. Esto demostrará respeto e interés genuino, además de ayudarlo a comprender mejor las necesidades del cliente.

Adapte el enfoque de SPIN: Dependiendo de las respuestas del cliente, adapte la secuencia y el enfoque de las preguntas SPIN para asegurarse de que está abordando los problemas más importantes y generando valor.

Desarrolle soluciones personalizadas: Con base en la información recopilada, desarrolle soluciones personalizadas que aborden los problemas identificados y demuestren cómo su oferta puede beneficiar al cliente.

Presente su solución: Al presentar su solución, concéntrese en los beneficios específicos que traerá al cliente. Use la información recopilada durante la conversación para enfatizar cómo su solución aborda directamente las necesidades del cliente.

Supere las objeciones: Esté preparado para enfrentar objeciones por parte del cliente y use la información recopilada durante la conversación para proporcionar respuestas y soluciones convincentes.

Cierre: Al final de la conversación, trabaje para obtener un compromiso del cliente. Esto puede ser una venta, un acuerdo para una próxima reunión u otra acción que avance en el proceso de ventas.

Beneficios de SPIN Selling

La implementación de la metodología SPIN Selling en su proceso de ventas puede proporcionar varios beneficios, como:

Mejor comprensión de las necesidades del cliente: Al hacer preguntas enfocadas, podrá comprender mejor las necesidades del cliente y ofrecer soluciones más personalizadas.

Relación más sólida con el cliente: SPIN Selling ayuda a establecer una relación más profunda y significativa con el cliente, ya que se enfoca en resolver sus problemas en lugar de solo vender un producto o servicio.

Aumento de las ventas y la satisfacción del cliente: Al ofrecer soluciones que satisfagan las necesidades del cliente, aumentará las posibilidades de cerrar la venta y dejar al cliente satisfecho.

Mejora de habilidades de comunicación: La práctica de SPIN Selling mejora tus habilidades de comunicación, permitiéndote convertirte en un vendedor más eficiente y persuasivo.

La metodología SPIN Selling es un enfoque poderoso que ayuda a entender mejor las necesidades del cliente y ofrecer soluciones personalizadas. Implementar esta estrategia en tu proceso de ventas puede llevar a una relación más sólida con el cliente, aumentar las ventas y mejorar tus habilidades de comunicación.

Cómo utilizar la técnica BANT en ventas

La técnica BANT es una de las herramientas más conocidas y ampliamente utilizadas en ventas para calificar leads e identificar oportunidades. Desarrollada por IBM en la década de 1960, la sigla BANT representa los cuatro criterios esenciales para determinar si un lead es una buena oportunidad de venta: Budget (Presupuesto), Authority (Autoridad), Need (Necesidad) y Timeframe (Plazo).

Entendiendo la técnica BANT

La técnica BANT es un método para calificar leads en base a cuatro criterios clave:

Budget (Presupuesto): ¿El cliente tiene presupuesto suficiente para adquirir el producto o servicio ofrecido?

Authority (Autoridad): ¿La persona con quien estás comunicando tiene la autoridad para tomar la decisión de compra o necesitas involucrar a otras partes interesadas?

Need (Necesidad): ¿Existe una necesidad real e identificable para el producto o servicio que ofreces?

Timeframe (Plazo): ¿Cuál es el plazo del cliente para tomar una decisión o implementar la solución?

Al evaluar estos criterios, puedes determinar si un lead es una oportunidad de venta viable y si vale la pena invertir tiempo y recursos en el proceso de ventas.

Cómo aplicar la técnica BANT en ventas

Para utilizar la técnica BANT en ventas, sigue estos pasos:

Haz preguntas específicas: Durante tus interacciones con el cliente, haz preguntas dirigidas para recolectar información sobre los cuatro criterios BANT. Por ejemplo, pregunta sobre el presupuesto disponible, quiénes son los tomadores de decisiones, cuáles son las necesidades específicas y cuál es el plazo deseado para la solución.

Evalúa las respuestas: Analiza las respuestas del cliente y determina si cumplen con los criterios BANT. Si se cumplen todas las condiciones, el lead puede ser considerado una oportunidad de venta viable.

Prioriza los leads calificados: Al identificar leads que cumplen con los criterios BANT, priorízalos en tu pipeline de ventas y concentra tus esfuerzos en esos clientes potenciales.

Adapta tu enfoque: En base a la información recolectada, adapta tu enfoque de ventas para satisfacer las necesidades específicas del cliente y las condiciones BANT.

Realiza seguimiento y ajustes: Monitorea el progreso de tus leads calificados por BANT y ajusta tu enfoque según sea necesario. Esto puede incluir involucrar a otras partes interesadas, presentar diferentes opciones de presupuesto o adaptar tu oferta para satisfacer mejor las necesidades del cliente.

Beneficios de utilizar la técnica BANT

La técnica BANT ofrece varios beneficios para el equipo de ventas:

Mejora la eficiencia de ventas: Al enfocarse en leads calificados por BANT, su equipo de ventas puede dirigir sus esfuerzos a oportunidades con mayor probabilidad de conversión, mejorando la eficiencia del proceso de ventas.

Aumenta la tasa de conversión: La técnica BANT ayuda a identificar leads con mayor probabilidad de convertirse en clientes, lo que puede llevar a una mayor tasa de conversión.

Mejora la comunicación con el cliente: Al hacer preguntas específicas y recopilar información importante sobre el cliente, su equipo de ventas puede desarrollar una comprensión más profunda de las necesidades del cliente y personalizar la estrategia de ventas en consecuencia.

Facilita la previsión de ventas: Utilizando la técnica BANT, su equipo de ventas puede prever de manera más precisa las oportunidades de venta y estimar mejor los resultados futuros.

Reduce el ciclo de ventas: Al enfocarse en leads calificados y eliminar aquellos que no cumplen con los criterios BANT, su equipo de ventas puede reducir el tiempo invertido en leads menos prometedores y acortar el ciclo de ventas.

Ayuda en el desarrollo de productos y servicios: La técnica BANT proporciona información valiosa sobre las necesidades de los clientes, ayudando a su empresa a identificar áreas de mejora y oportunidades para desarrollar nuevos productos y servicios.

La técnica BANT es una herramienta valiosa para calificar leads y maximizar la eficacia de su equipo de ventas. Al aplicar la técnica BANT en ventas, puede identificar las mejores oportunidades de venta, mejorar su estrategia de ventas y aumentar la tasa de conversión. Al adoptar esta estrategia, su empresa estará en el camino correcto para implementar un departamento de ventas ganador.

Cómo utilizar el modelo GPCT para generar ventas

El modelo GPCT es una técnica poderosa que ayuda a los equipos de ventas a identificar y comprender las necesidades de los clientes de manera más efectiva. La sigla GPCT representa **Goals** (Metas), **Plans** (Planes), **Challenges** (Desafíos) y **Timeline** (Cronograma). En este capítulo, vamos a hablar sobre cada elemento del modelo GPCT y cómo aplicarlos para impulsar las ventas.

El primer paso para utilizar el modelo GPCT es identificar las metas de los clientes. Comprender las metas de los clientes permite a los vendedores demostrar cómo sus productos o servicios pueden ayudarles a alcanzarlas. Durante las conversaciones con los clientes, los vendedores deben hacer preguntas específicas para descubrir sus metas y entender cómo se relacionan con sus necesidades comerciales.

A continuación, es importante explorar los planes que los clientes ya tienen en marcha para alcanzar esas metas. Esta etapa implica investigar qué estrategias y recursos están utilizando actualmente los clientes y cómo su empresa puede complementar o mejorar esos esfuerzos. Al mostrar que su solución se adapta a los planes existentes del cliente, los vendedores aumentan las posibilidades de cerrar la venta.

Los desafíos a los que se enfrentan los clientes también son un componente crítico del modelo GPCT. Al identificar los obstáculos que impiden a los clientes alcanzar sus metas, los vendedores pueden posicionar sus productos o servicios como soluciones para superar estos desafíos. Para hacer esto, los vendedores deben hacer preguntas que ayuden a revelar los desafíos y entender cómo su oferta puede ayudar a resolverlos.

Por último, la línea de tiempo es una parte esencial del modelo GPCT. La comprensión del cronograma del cliente permite a los vendedores adaptar sus propuestas y entregas de acuerdo con las expectativas del cliente. Además, entender el cronograma ayuda al equipo de ventas a priorizar las oportunidades de acuerdo con la urgencia y el potencial de cierre de ventas.

Al aplicar el modelo GPCT, los vendedores pueden crear una estrategia de ventas más personalizada y efectiva, centrándose en las metas, planes, desafíos y cronogramas específicos de los clientes. Esta estrategia centrada en el cliente facilita el desarrollo de relaciones más sólidas y duraderas, aumentando la satisfacción y la lealtad del cliente.

En conclusión, el modelo GPCT es una herramienta valiosa para impulsar las ventas, permitiendo que los vendedores comprendan mejor las necesidades y expectativas de los clientes. Al utilizar el modelo GPCT en sus interacciones con los clientes, su equipo de ventas estará mejor preparado para presentar soluciones que se alineen con las metas y desafíos del cliente, mejorando así la probabilidad de cerrar ventas exitosas y establecer un departamento de ventas ganador.

Estrategias para tratar con clientes en diferentes etapas del embudo de ventas

El éxito de un departamento de ventas depende de la capacidad de comprender y atender a las necesidades de los clientes en cada etapa del embudo de ventas. En este capítulo, abordaremos estrategias efectivas para tratar con clientes en diferentes etapas del embudo de ventas, desde la etapa de conciencia hasta el cierre de la venta.

Conciencia

En la etapa de conciencia, los clientes comienzan a darse cuenta de que tienen un problema o necesidad. Es fundamental que el equipo de ventas se centre en llamar la atención de estos clientes potenciales, proporcionándoles contenido educativo e informativo que les ayude a identificar sus necesidades y entender cómo su empresa puede ayudar.

Las estrategias para esta etapa incluyen:

Producción de contenido relevante y educativo, como blogs, e-books y videos;

Participación en foros y grupos de discusión donde los clientes potenciales puedan estar buscando información;

Utilización de redes sociales y anuncios dirigidos para llamar la atención de los clientes potenciales;

Establecimiento de alianzas con influyentes o líderes de opinión del sector para aumentar la visibilidad de la marca.

Consideración

En la etapa de consideración, los clientes ya han identificado el problema y están investigando soluciones. El objetivo del equipo de ventas en esta etapa es mostrar a los clientes potenciales que su empresa es la mejor opción para resolver sus necesidades.

Las estrategias para esta etapa incluyen:

Ofrecer recursos avanzados y detallados y estudios de caso, que demuestren el valor de su solución;

Promoción de eventos, como talleres o demostraciones en vivo, donde los clientes potenciales puedan experimentar su solución de primera mano;

Implementación de campañas de correo electrónico para nutrir los leads y mantenerlos comprometidos con la marca;

Uso de testimonios y referencias de clientes satisfechos para construir confianza y credibilidad.

Decisión

En la fase de decisión, los clientes están listos para tomar una decisión y elegir la solución que mejor se adapte a sus necesidades. El objetivo del equipo de ventas en esta etapa es superar las objeciones y cerrar la venta.

Las estrategias para esta etapa incluyen:

Proporcionar propuestas personalizadas que aborden las necesidades y objetivos específicos del cliente;

Ofrecer incentivos o descuentos para fomentar la toma de decisiones rápidas;

Realizar reuniones o llamadas de ventas para abordar preocupaciones y responder preguntas en tiempo real;

Establecer un proceso de seguimiento eficiente para asegurarse de que los clientes potenciales no queden sin respuesta durante la toma de decisiones.

Postventa

Después de la venta, es esencial continuar nutriendo la relación con el cliente y asegurar su satisfacción. Un cliente satisfecho no solo proporcionará referencias valiosas, sino que también puede convertirse en un cliente recurrente.

Las estrategias para esta etapa incluyen:

Proporcionar soporte al cliente de alta calidad para resolver problemas y responder preguntas rápidamente;

Ofrecer capacitación y recursos adicionales para ayudar a los clientes a aprovechar al máximo la solución adquirida;

Mantener un contacto regular con los clientes a través de correo electrónico, teléfono o visitas presenciales para asegurarse de que se satisfagan sus necesidades y para identificar oportunidades de venta cruzada o venta adicional;

Solicitar comentarios de los clientes e implementar mejoras en función de sus sugerencias y necesidades.

Al comprender y abordar las necesidades de los clientes en cada etapa del proceso de ventas, el equipo de ventas estará en una buena posición para construir relaciones sólidas y duraderas con los clientes y, por lo tanto, aumentar las ventas y el éxito del departamento.

Para tratar con clientes en diferentes etapas del proceso de ventas, es crucial adaptar su enfoque y estrategia en función de las necesidades y desafíos específicos de cada fase. Al hacerlo, el equipo de ventas puede garantizar una experiencia más personalizada y efectiva para el cliente, lo que, a su vez, lleva a un mayor éxito en las ventas y en la satisfacción del cliente.

Cómo desarrollar la empatía en ventas

La empatía es una habilidad esencial para los profesionales de ventas, ya que les permite conectarse verdaderamente con los clientes y comprender sus necesidades y preocupaciones. Desarrollar la empatía en ventas es una forma efectiva de crear relaciones sólidas y duraderas, lo que puede llevar a un aumento en las ventas y en la satisfacción del cliente.

En primer lugar, es importante entender que la empatía no es solo una habilidad innata, sino algo que se puede aprender y desarrollar con el tiempo. Para empezar, los vendedores deben enfocarse en escuchar atentamente a los clientes. Esto significa prestar total atención a lo que el cliente está diciendo, sin interrupciones, y hacer preguntas para profundizar la comprensión de las preocupaciones y necesidades del cliente.

Otra sugerencia importante para desarrollar la empatía en ventas es ponerse en el lugar del cliente. Esto implica imaginar cómo sería estar en la posición del cliente y cómo se sentiría frente a las preocupaciones y desafíos que están enfrentando. Esta perspectiva puede ayudar al equipo de ventas a comprender mejor las necesidades del cliente y ofrecer soluciones más efectivas.

Además, la empatía en ventas puede mejorarse al trabajar en la comunicación emocional. Esto significa ser capaz de expresar y reconocer emociones, tanto las propias como las de los clientes. Al entender y validar las emociones del cliente, los vendedores pueden establecer una conexión más profunda y auténtica, lo que puede llevar a una mayor confianza y satisfacción del cliente.

Es igualmente importante ser genuino y transparente al tratar con los clientes. Los vendedores deben evitar usar tácticas manipuladoras o deshonestas, ya que esto puede perjudicar la confianza y la empatía. En lugar de eso, es mejor ser honesto y abierto sobre las capacidades del producto o servicio, así como sobre los plazos y expectativas realistas.

Por último, el desarrollo de la empatía en ventas requiere práctica y tiempo. Los vendedores deben esforzarse por incorporar la empatía en todas las interacciones con los clientes y buscar comentarios para mejorar aún más sus habilidades. Al hacerlo, el equipo de ventas podrá crear relaciones más fuertes y duraderas con los clientes, lo que, en última instancia, llevará a un mayor éxito en las ventas.

La empatía es una habilidad fundamental para los profesionales de ventas, ya que les permite conectarse verdaderamente con los clientes y comprender sus necesidades y preocupaciones. El desarrollo de la empatía en ventas se puede lograr mediante la escucha activa, poniéndose en el lugar del cliente, trabajando en la comunicación emocional, siendo genuino y transparente y practicando regularmente.

Al incorporar la empatía en todas las interacciones con los clientes, el equipo de ventas estará bien posicionado para crear relaciones sólidas y duraderas, lo que, en última instancia, llevará a un mayor éxito en las ventas.

Como parte del proceso de desarrollo de la empatía en ventas, es esencial que los profesionales de ventas también inviertan en su propio desarrollo personal. Esto incluye trabajar en la inteligencia emocional, habilidades de comunicación y capacidad para manejar el estrés.

Al desarrollar estas habilidades, los vendedores estarán mejor preparados para manejar las diferentes situaciones que pueden surgir durante las interacciones con los clientes.

El feedback de los clientes es una herramienta valiosa para mejorar la empatía en ventas. Anime a los miembros del equipo a solicitar retroalimentación de los clientes después de las interacciones, especialmente si sienten que la conexión emocional podría haber sido más fuerte.

Aprender de las experiencias de los clientes y hacer ajustes en los enfoques de ventas puede ayudar al equipo a ser más empático y exitoso.

Además, es crucial crear un ambiente de trabajo que fomente y apoye el desarrollo de la empatía. Esto incluye ofrecer capacitación y recursos a los miembros del equipo, así como crear una cultura organizacional que valore la empatía y la conexión con los clientes.

Anime a los miembros del equipo a compartir sus experiencias y aprendizajes entre ellos, ya que esto puede ayudar a reforzar la importancia de la empatía en el proceso de ventas.

Otra forma de desarrollar la empatía en ventas es a través del análisis de casos de éxito. Estudiar ejemplos de interacciones exitosas con los clientes e identificar los elementos clave que llevaron a estos resultados positivos puede proporcionar una visión valiosa para el equipo de ventas.

Al analizar estos casos, los vendedores pueden identificar áreas en las que la empatía fue un factor crítico para el éxito y aplicar estas lecciones a sus propias interacciones con los clientes.

Por último, es importante recordar que el desarrollo de la empatía en ventas es un proceso continuo. Los vendedores siempre deben buscar oportunidades para mejorar sus habilidades y aprender de los comentarios de los clientes y colegas de trabajo.

De esta manera, el equipo de ventas estará constantemente mejorando su capacidad para conectarse con los clientes y entender sus necesidades, lo que, a su vez, llevará a un mayor éxito en las ventas.

Desarrollar la empatía en ventas es una habilidad crucial para los profesionales de ventas, ya que les permite crear conexiones más profundas y significativas con los clientes.

A través de la escucha activa, la comunicación emocional, el desarrollo personal y el aprendizaje continuo, el equipo de ventas puede mejorar su capacidad para ser empático y, por lo tanto, aumentar la satisfacción del cliente y el éxito en las ventas.

Al invertir en el desarrollo de la empatía, el equipo de ventas estará preparado para enfrentar los desafíos de las ventas y construir relaciones duraderas y exitosas con los clientes.

Técnicas para lidiar con clientes difíciles

Lidiar con clientes difíciles es una parte inevitable del trabajo en ventas. Sin embargo, enfrentar estos desafíos con paciencia, habilidad y empatía puede transformar una situación desafiante en una oportunidad de crecimiento y éxito.

Mantenga la calma y controle sus emociones

La primera y más importante regla al lidiar con clientes difíciles es mantener la calma y controlar sus emociones. Respire profundo y recuerde que su objetivo principal es resolver el problema del cliente y garantizar su satisfacción. Evite tomar críticas y quejas personalmente y concéntrese en escuchar atentamente y responder de manera profesional y objetiva.

Escuche atentamente

La escucha activa es una habilidad esencial para lidiar con clientes difíciles. Preste atención a lo que el cliente está diciendo, haga preguntas para aclarar sus preocupaciones y demuestre empatía por su situación. Al escuchar atentamente, puede identificar la causa raíz del problema y comenzar a trabajar en una solución.

Valide los sentimientos del cliente

Validar los sentimientos del cliente es una técnica efectiva para establecer rapport y crear una conexión emocional. Reconozca las emociones del cliente y muestre que entiende su frustración. Por ejemplo, puede decir: "Entiendo que esté molesto con la situación. Yo me sentiría de la misma manera si estuviera en su lugar".

Sea empático y ofrezca soluciones

Después de escuchar y validar los sentimientos del cliente, ofrezca soluciones prácticas para resolver el problema. Muestre empatía y trabaje junto con el cliente para encontrar una resolución que satisfaga a ambas partes. Recuerde que el objetivo principal es garantizar la satisfacción del cliente y mantener una relación saludable y duradera.

Establezca límites y mantenga una postura profesional

Aunque es importante ser empático y comprensivo, también es crucial establecer límites y mantener una postura profesional. Si un cliente se vuelve abusivo o exige soluciones imposibles, no dude en establecer límites y comunicar sus expectativas de manera clara y firme. Recuerde que merece respeto y que mantener una postura profesional es fundamental para el éxito en ventas.

Aprenda de la experiencia

Cada interacción con un cliente difícil es una oportunidad de aprendizaje y crecimiento. Analice la situación e identifique áreas en las que pueda mejorar sus habilidades de comunicación, empatía y resolución de problemas. Comparta sus experiencias con colegas de equipo y discuta estrategias para lidiar con clientes difíciles en el futuro.

Lidiar con clientes difíciles puede ser un desafío, pero con las técnicas correctas y un enfoque empático y profesional, es posible convertir esas interacciones en oportunidades de crecimiento y éxito. Al aplicar estas estrategias, no solo resolverá los problemas de los clientes, sino que también construirá relaciones sólidas y duraderas con ellos.

Sea flexible y adaptable

Al lidiar con clientes difíciles, es importante ser flexible y adaptable en su enfoque. Cada cliente es único y puede requerir una estrategia diferente para resolver sus problemas y calmar sus frustraciones. Esté dispuesto a ajustar su estilo de comunicación y enfoque para satisfacer las necesidades específicas del cliente.

Pida retroalimentación

Pedir retroalimentación a los clientes, incluso a los difíciles, es una excelente manera de mejorar su desempeño en ventas. Pida al cliente que comparta sus percepciones sobre la interacción y lo que podría haberse hecho de manera diferente. Esta información es valiosa para su crecimiento personal y profesional, así como para mejorar el enfoque de ventas de la empresa.

Haga seguimiento y manténgase en contacto

Después de resolver la situación con un cliente difícil, no se olvide de hacer seguimiento y mantenerse en contacto. Esto muestra al cliente que se preocupa por su satisfacción continua y está dispuesto a hacer lo necesario para garantizar que siga satisfecho. El seguimiento también ofrece la oportunidad de fortalecer la relación y aumentar las posibilidades de futuras ventas.

Invierta en capacitación y desarrollo

Por último, pero no menos importante, invierta en capacitación y desarrollo para mejorar sus habilidades para lidiar con clientes difíciles. Participe en cursos, talleres y seminarios sobre comunicación, resolución de conflictos y empatía. Aprender de expertos y colegas de profesión es una excelente manera de ampliar sus habilidades y aumentar su eficacia para lidiar con clientes difíciles.

Al aplicar estas técnicas e invertir en su desarrollo profesional, estará mejor preparado para enfrentar los desafíos que los clientes difíciles presentan y transformar esas situaciones en oportunidades de crecimiento y éxito. Recuerde que el objetivo principal es garantizar la satisfacción del cliente y construir relaciones duraderas que beneficien tanto al cliente como a su empresa.

Cómo usar el storytelling en ventas

El storytelling en ventas es un poderoso arte que puede ayudar a captar la atención de los clientes, establecer conexiones emocionales y, en última instancia, conducir a ventas exitosas. Las historias tienen el poder de transportarnos y envolvernos, y cuando se usan de manera efectiva, pueden ser una herramienta persuasiva y convincente en ventas.

Antes que nada, es importante entender qué es el storytelling. Básicamente, el storytelling es el arte de contar historias de manera estructurada y envolvente. En ventas, esto significa usar historias para ilustrar los beneficios de su producto o servicio, superar objeciones y crear una conexión emocional con el cliente.

Para empezar a usar el storytelling en ventas, siga estos pasos:

Conozca a su público

Para crear historias envolventes que resuenen con sus clientes, es fundamental entender quiénes son, cuáles son sus necesidades y deseos, y lo que los motiva. Haga preguntas y escuche atentamente las respuestas para obtener información valiosa que ayudará a dar forma a sus historias.

Identifique el problema

Una historia efectiva de ventas comienza con la identificación del problema que su cliente está enfrentando. Este problema debe ser algo que su producto o servicio pueda resolver. Al comenzar su historia con el problema, establece un terreno común y crea un sentido de urgencia.

Describa la solución

Después de identificar el problema, presente la solución que su producto o servicio ofrece. Muestre cómo la solución se ajusta a las necesidades y deseos del cliente y cómo puede mejorar su vida. Use ejemplos y detalles vívidos para ayudar al cliente a visualizar los resultados que pueden lograrse.

Comparta historias de éxito

Las historias de éxito de clientes anteriores son una excelente manera de mostrar cómo su producto o servicio ha funcionado en el pasado. Comparta estas historias para crear credibilidad y ayudar al cliente a imaginar cómo su propia vida puede mejorar con la solución que está ofreciendo.

Involucre al cliente en la historia

Incorpore al cliente en su historia haciendo preguntas e involucrándolo en la narrativa. Esto lo ayudará a conectarse emocionalmente con la historia y a sentirse más invertido en la solución. Además, escuchar la perspectiva del cliente también puede proporcionar información valiosa que se puede usar para ajustar su enfoque y mejorar sus posibilidades de cerrar la venta.

Practica y perfecciona

La práctica lleva a la perfección, y lo mismo ocurre con el storytelling en ventas. Practica contar tus historias varias veces para asegurarte de que la entrega sea suave y envolvente. Pide comentarios a colegas y supervisores y ajusta tu enfoque según sea necesario.

Al dominar el arte del storytelling en ventas, puedes crear una conexión emocional con tus clientes, superar objeciones y, en última instancia, aumentar tus posibilidades de cerrar negocios exitosos. Aquí hay algunos consejos adicionales para mejorar tus habilidades de storytelling:

Enfócate en la calidad, no en la cantidad

No satures a tus clientes con demasiadas historias. En cambio, elige una o dos historias de alto impacto que sean relevantes para el problema del cliente y que demuestren los beneficios de tu producto o servicio.

Usa un lenguaje simple y directo

Al contar una historia, evita el jerga técnico y usa un lenguaje claro y directo que sea fácil de entender. Esto ayudará a garantizar que tu mensaje sea comprendido y recordado.

Sé auténtico

Las historias más efectivas son aquellas que vienen del corazón. Sé sincero y genuino al compartir tus historias, y tus clientes percibirán tu autenticidad.

Estudia a grandes contadores de historias

Aprende de los mejores observando y estudiando a grandes contadores de historias. Esto puede incluir oradores motivacionales, comediantes, autores y otros profesionales de ventas. Observa cómo estructuran sus historias, involucran al público y usan el lenguaje para crear un impacto emocional.

Adáptate a las necesidades del cliente

Cada cliente es único, y tus historias deben adaptarse para satisfacer las necesidades e intereses específicos de cada individuo. Presta atención a las pistas verbales y no verbales que tus clientes proporcionan y ajusta tu enfoque de storytelling según sea necesario.

Aprende de tus errores

No todas las historias serán exitosas, y eso es normal. Aprende de tus errores y utiliza estos comentarios para mejorar tus historias y enfoques futuros.

El storytelling es una habilidad esencial para cualquier profesional de ventas. Al aprender a contar historias envolventes y emocionantes, puedes crear conexiones más profundas con tus clientes, superar objeciones y impulsar tus ventas. Practica y mejora tus habilidades de storytelling y mira cómo esta poderosa herramienta puede transformar tu enfoque de ventas y llevar a un mayor éxito.

Cómo usar la gamificación para vender más

La gamificación es una técnica que utiliza elementos y mecánicas de juegos para motivar y comprometer a personas en actividades no relacionadas con los juegos. En el mundo de las ventas, la gamificación puede ser utilizada para motivar al equipo, aumentar la productividad y, consecuentemente, vender más. En este artículo exploraremos cómo aplicar la gamificación para mejorar el rendimiento de su equipo de ventas y lograr resultados increíbles.

La gamificación funciona porque aprovecha la naturaleza competitiva de las personas y su deseo de mejorar. Al incorporar elementos de juegos, como puntos, niveles, desafíos y recompensas, puede motivar a su equipo de ventas a esforzarse más y divertirse mientras trabajan.

Una manera efectiva de implementar la gamificación en su equipo de ventas es establecer metas y desafíos claros. Por ejemplo, puede crear un sistema de puntos donde los miembros del equipo ganen puntos por alcanzar metas de ventas, cerrar negocios o completar tareas específicas. Estos puntos pueden ser acumulados y cambiados por recompensas, como premios, días libres u otras ventajas.

Otro enfoque es crear competiciones saludables entre los miembros del equipo. Puede establecer metas mensuales o trimestrales y recompensar a los vendedores que alcancen o superen estas metas. Esto no sólo promueve un espíritu de colaboración, sino que también incentiva a los miembros del equipo a desafiarse y buscar la mejora continua.

La gamificación también puede ser utilizada para incentivar el desarrollo de habilidades y el aprendizaje continuo. Por ejemplo, puede crear un sistema de niveles donde los miembros del equipo puedan subir de nivel al completar cursos de capacitación o participar en talleres. Esto no sólo ayudará a mejorar las habilidades de ventas de los miembros del equipo, sino que también demostrará su compromiso con el crecimiento y desarrollo profesional.

Para garantizar que la gamificación sea efectiva, es crucial establecer un sistema de monitoreo y retroalimentación. Haga un seguimiento del progreso de los miembros del equipo en relación a las metas y desafíos establecidos y proporcione retroalimentación regular sobre su desempeño. Esto ayudará a mantener la motivación y el compromiso de los miembros del equipo, permitiendo que vean cómo sus acciones están afectando los resultados.

La gamificación también debe ser flexible y adaptable a los cambios en las necesidades del equipo y del mercado. Esté abierto a ajustar sus enfoques y metas según sea necesario y escuche la retroalimentación de los miembros del equipo para asegurarse de que la gamificación siga siendo un motivador efectivo.

Es esencial que la gamificación sea utilizada de manera ética y responsable. Evite crear un ambiente de trabajo excesivamente competitivo o presionar a los miembros del equipo para alcanzar metas inalcanzables. La gamificación debe ser utilizada como una herramienta para inspirar y motivar, no para castigar o crear un ambiente de trabajo tóxico.

La gamificación puede ser una herramienta poderosa para ayudar a su equipo de ventas a alcanzar el éxito y mejorar su rendimiento. Al implementar elementos de juegos, como metas, desafíos, recompensas y competiciones, puede crear un ambiente de trabajo divertido, atractivo y motivador para su equipo.

Recuerde considerar la cultura y las necesidades específicas de su equipo al implementar la gamificación. Cada equipo es único y puede requerir enfoques diferentes para obtener los mejores resultados. Sea flexible y esté dispuesto a ajustar su estrategia según sea necesario para asegurarse de que la gamificación siga siendo efectiva y beneficiosa.

Además, es importante comunicar claramente las reglas y expectativas de la gamificación a todo el equipo. Esto ayudará a garantizar que todos comprendan el propósito y los beneficios del sistema, así como su funcionamiento. La transparencia y la comunicación abierta son fundamentales para asegurarse de que la gamificación tenga éxito y sea adoptada por todos los miembros del equipo.

Al usar la gamificación de manera efectiva y responsable, puede ayudar a su equipo de ventas a alcanzar nuevos niveles de éxito. Con el tiempo, notará un aumento en la productividad, la satisfacción en el trabajo y los resultados de ventas, lo que llevará a un departamento de ventas verdaderamente ganador.

Cómo mantener la evolución continua del departamento de ventas y adaptarse a los cambios del mercado

En el mundo de los negocios, lo único constante es el cambio. Para garantizar el éxito continuo de su departamento de ventas, es esencial estar siempre evolucionando y adaptándose a los cambios del mercado. Aquí hay algunos consejos para ayudar a mantener la evolución continua del departamento de ventas y adaptarse a los cambios del mercado.

Esté atento a las tendencias y cambios en el sector: Manténgase actualizado sobre las noticias, las tendencias y los avances tecnológicos en su sector. Participe en eventos, seminarios y conferencias del sector para mantenerse informado y conectarse con otros profesionales de ventas. Esto lo ayudará a identificar oportunidades y amenazas potenciales y ajustar su enfoque de ventas en consecuencia.

Invierta en capacitación y desarrollo: Proporcione a su equipo de ventas capacitación continua y oportunidades de desarrollo profesional. Esto los ayudará a mejorar sus habilidades, aprender nuevas técnicas y adaptarse a los cambios en el mercado. Promueva una cultura de aprendizaje, alentando al equipo a compartir sus experiencias y conocimientos entre ellos.

Monitoree el desempeño y los resultados: Establezca metas claras y medibles para su equipo de ventas y monitoree regularmente el progreso en relación con esas metas. Analice los datos para identificar tendencias y áreas de mejora. Esto le permitirá hacer ajustes rápidos y proactivos en su estrategia de ventas según sea necesario.

Sea ágil y flexible: A medida que el mercado cambia, es posible que deba ajustar su enfoque de ventas y tácticas. Esté dispuesto a experimentar nuevas ideas y enfoques y abandonar aquellos que ya no funcionan. Adoptar una mentalidad ágil y flexible le permitirá adaptarse rápidamente a los cambios y mantener a su equipo de ventas en el buen camino.

Cultive la innovación: Incentive a su equipo de ventas a pensar fuera de la caja y proponer nuevas ideas para mejorar las ventas y la atención al cliente. Dé espacio para la experimentación y la creatividad y recompense a aquellos que presenten soluciones innovadoras para los desafíos que enfrenta el departamento.

Mantén la comunicación abierta: Fomenta un ambiente de trabajo donde la comunicación sea valorada y alentada. Incentiva a tu equipo de ventas a compartir sus opiniones, preocupaciones e ideas. Esto ayudará a identificar rápidamente problemas y oportunidades de mejora, permitiéndote hacer ajustes en tiempo real y seguir evolucionando.

Adáptate a los cambios en el comportamiento del consumidor: Con el avance de las tecnologías y las redes sociales, el comportamiento del consumidor siempre está cambiando. Comprende las necesidades y expectativas de tus clientes y ajusta tu enfoque de ventas para atenderlas de manera efectiva. Esto puede incluir el uso de nuevos canales de comunicación, la personalización de ofertas o la adopción de nuevas estrategias de compromiso.

Usa la tecnología a tu favor: Implementa herramientas y software de ventas que puedan ayudar a automatizar procesos, mejorar la comunicación y proporcionar información valiosa sobre el rendimiento y las tendencias de ventas. Esto ayudará a aumentar la eficiencia del departamento y te permitirá tomar decisiones más informadas y orientadas por datos.

Colabora con otros departamentos: Trabaja en conjunto con otros departamentos de la empresa, como marketing, producto y soporte al cliente, para crear un enfoque integrado y coordinado para las ventas. Esto ayudará a garantizar que estás proporcionando una experiencia consistente y de alta calidad para tus clientes en todos los puntos de contacto.

Promueve la resiliencia: El cambio puede ser difícil y estresante para los miembros del equipo. Ayuda a promover la resiliencia, alentando una gestión efectiva del estrés y el equilibrio entre la vida profesional y personal. Esto permitirá que tu equipo de ventas permanezca motivado y comprometido, incluso en tiempos de cambio e incertidumbre.

Evalúa y perfecciona continuamente: Realiza evaluaciones regulares de tu estrategia de ventas y el desempeño del departamento para identificar áreas de mejora y oportunidades de crecimiento. Está dispuesto a ajustar tu enfoque y experimentar nuevas estrategias para seguir evolucionando y adaptándote a los cambios en el mercado.

Siguiendo estos consejos, puedes garantizar que tu departamento de ventas continúe evolucionando y adaptándose a los cambios en el mercado. Esto no solo ayudará a mantener el éxito de tu equipo, sino que también asegurará que tu empresa siga siendo competitiva y relevante en el siempre cambiante panorama empresarial.

Conclusión

A lo largo de este libro, exploramos los elementos fundamentales para la creación y gestión de un departamento de ventas ganador. Hemos abordado una variedad de estrategias, técnicas y prácticas recomendadas que, cuando se aplican correctamente, tienen el potencial de impulsar el rendimiento de las ventas y aumentar la satisfacción del cliente.

Basándonos en todos los capítulos, queda claro que el éxito en las ventas no es el resultado de un solo factor. En cambio, es el resultado de la combinación de varias prácticas y enfoques, desde el uso de herramientas y tecnologías modernas hasta la construcción de relaciones sólidas y duraderas con los clientes. Cada elemento del departamento de ventas debe ser cuidadosamente administrado y adaptado a las necesidades específicas de su empresa y su audiencia objetivo.

Un departamento de ventas ganador es aquel que puede adaptarse a los cambios del mercado y evolucionar continuamente. Por lo tanto, es crucial que los líderes de ventas estén siempre abiertos a aprender, explorar nuevos enfoques e invertir en el desarrollo continuo de sus equipos.

Al implementar las estrategias y técnicas presentadas en este libro, estará dando un paso importante en el camino hacia la creación de un departamento de ventas ganador. Sin embargo, recuerde que el éxito es un proceso continuo que requiere esfuerzo, dedicación y compromiso de todo el equipo. Al mantenerse actualizado sobre las tendencias del mercado y continuar invirtiendo en el mejoramiento de las habilidades de su equipo, estará asegurando un futuro de éxito y crecimiento continuo para su departamento de ventas y su empresa.

Si ha llegado hasta aquí, le agradezco por haberme acompañado en este viaje y espero sinceramente que todos los valiosos aprendizajes presentados hasta ahora lo ayuden a crear y mantener un departamento de ventas ganador. Le deseo a usted y a su equipo todo el éxito y la prosperidad en sus futuras iniciativas de ventas.

Joelmir Carvalho

Bibliografía

ALDRICH, H.; HERKER, D. Boundary spanning roles and organization structure. Academy of Management Review, v. 2, n. 2, p. 217-230, 1977.

CHALL, J.; SPINELLI, S. SPIN Selling: Situation Problem Implication Need-Payoff. New York: McGraw-Hill, 1988.

CONGER, J. A.; KANUNGO, R. N. Charismatic leadership in organizations. Thousand Oaks: Sage Publications, 1998.

GARTNER. Magic Quadrant for Sales Force Automation. Disponível em: https://www.gartner.com/en/documents/3986305/magic-quadrant-for-sales-force-automation. Acesso em: 20 mar. 2023.

GITOMER, J. The Little Red Book of Selling: 12.5 Principles of Sales Greatness. Austin: Bard Press, 2004.

GLOVER, J. The BANT Sales Qualification Method: The Ultimate Guide. Disponível em: https://www.jillkonrath.com/sales-blog/bant-sales-qualification-method. Acesso em: 20 mar. 2023.

GOLDENBERG, B. CRM in Real Time: Empowering Customer Relationships. Medford: Information Today, Inc., 2008.

HOPKINS, T.; SMITH, D. Mastering the Complex Sale: How to Compete and Win When the Stakes are High! Hoboken: John Wiley & Sons, 2010.

KAPLAN, R. S.; NORTON, D. P. The Balanced Scorecard: Translating Strategy into Action. Boston: Harvard Business School Press, 1996.

KOTLER, P.; KELLER, K. L. Marketing Management. 15. ed. Upper Saddle River: Prentice Hall, 2016.

NUTSHELL. The Complete Guide to GPCT: A Goal-Oriented Sales Approach. Disponível em: https://www.nutshell.com/blog/complete-guide-to-gpct/. Acesso em: 20 mar. 2023.

PINK, D. H. Drive: The Surprising Truth About What Motivates Us. New York: Riverhead Books, 2011.

RAINS, M. Using SWOT Analysis in Business Planning. Disponível em: https://www.businessknowhow.com/strategy/swot.htm. Acesso em: 20 mar. 2023.

RAVEN, B. H.; KRIEGER, R. M. Dyadic Interaction: An Exchange of Information Leading to Increased Understanding of the Other. In: ADLER, L. L.; TOWNE, L. (Orgs.). The Practice of Interpersonal Communication. New York: Prentice-Hall, 1970.

ROGERS, S.; LAFORGE, R. W. Entrepreneurial selling: The BARREL Model of sales training. Journal of Personal Selling and Sales Management, v. 20, n. 2, p. 125-136, 2000.

TREACY, M.; WIERSEMA, F. The Discipline of Market Leaders: Choose Your Customers, Narrow Your Focus, Dominate Your Market. Reading: Addison-Wesley, 1995.

VAYNERCHUK, G. Jab, Jab, Jab, Right Hook: How to Tell Your Story in a Noisy Social World. New York: HarperCollins Publishers, 2013.

WEINBERG, G. M. The Psychology of Computer Programming. New York: Van Nostrand Rein

ZIGLAR, Z. Secrets of Closing the Sale. New York: Berkley Books, 1984.

ZOLTNERS, A. A.; SINHA, P.; LORIMER, S. E. Building a Winning Sales Management Team: The Force Behind the Sales Force. Evanston: ZS Associates, 2011.

ZWILLING, M. 10 Steps for Entrepreneurs to Master Emotional Intelligence. Disponível em: https://www.forbes.com/sites/martinzwilling/2013/12/15/10-steps-for-entrepreneurs-to-master-emotional-intelligence/. Acesso em: 20 mar. 2023.

www.ingramcontent.com/pod-product-compliance
Lightning Source LLC
Chambersburg PA
CBHW071133220526
45467CB00015B/939